알고 보면 더 재미있는
나무이야기

알고 보면 더 재미있는 나무 이야기

초판 1쇄 펴냄 2006년 6월 5일
　　 10쇄 펴냄 2020년 12월 18일

지은이 현진오
구성 문혜진
세밀화 권순남
일러스트 고상미
펴낸이 고영은 박미숙

펴낸곳 뜨인돌출판(주) | 출판등록 1994.10.11.(제406-251002011000185호)
주소 10881 경기도 파주시 회동길 337-9
홈페이지 www.ddstone.com | 블로그 blog.naver.com/ddstone1994
페이스북 www.facebook.com/ddstone1994 | 노빈손 www.nobinson.com
대표전화 02-337-5252 | 팩스 031-947-5868

ⓒ 2006 현진오, 문혜진, 권순남

ISBN 978-89-92130-29-5 73480

이 도서의 국립중앙도서관 출판예정도서목록(CIP)은 서지정보유통지원시스템 홈페이지
(http://seoji.nl.go.kr)와 국가자료종합목록 구축시스템(http://kolis-net.nl.go.kr)에서
이용하실 수 있습니다. (CIP제어번호 : CIP2011001653)

```
어린이제품안전특별법에 의한 제품표시
제조자명 뜨인돌어린이  제조국명 대한민국  사용연령 만 6세 이상
```

알고 보면 더 재미있는
현진오 글 | 권순남, 고상미 그림

뜨인돌어린이

소중한 자연과 함께 더불어 사는 즐거움

식물이 없으면 지구는 존재할 수 없습니다. 다시 말해 식물이 없으면 지구에 다른 생명체들이 살아가기 어렵다는 말이죠. 그 이유가 뭘까요?

식물이 하는 가장 대단한 일은 바로 광합성을 통해 지구의 모든 생명체들이 먹고살아갈 양식을 만들어 주는 일입니다. 식물은 태양 에너지를 유기물이라는 새로운 에너지로 바꾸어 줍니다. 유기물은 지구에 사는 생명체들을 구성하는 성분이자 대부분의 생물들에게 에너지원이 되는 물질이지요. 식물이 없다면 지구상에 유기물이 만들어질 수 없고, 그렇게 되면 대부분의 생물이 지구에서 살 수 없게 되는 건 당연한 일이겠죠?

숲을 이루는 식물 가운데서도 나무가 이런 역할을 가장 열심히 한답니다. 이것은 숲의 여러 식물들 가운데 나무가 차지하는 생물량이 가장 크기 때문인데, 생물량이 큰 만큼 광합성을 통해 유기물과 산소를 생산해 내는 능력도 가장 뛰어나답니다.

위에서 이야기한 것 말고도 나무는 우리에게 많은 것을 제공해 줍니다. 집을 짓는 목재로 이용되고, 책상이나 옷장 같은 가구를 만드는 데도 쓰이며, 종이의 원료가 되기도 합니다. 또 맛있는 열매를 맺어 우리의 식탁을 풍부하게 해 주고, 아름다운 꽃과 잎으로 우리의 마음을 살찌우며, 약재로 이용되어 건강을 지켜 주기도 합니다. 삭막하기만 한 도시에서는 싱싱한 초록을 뽐내며 산소를 공급해 주는 가로수로서의 역할도 훌륭히 하고 있지요.

이렇게 고마운 나무들 가운데는 여러 가지 이유 때문에 생명의 위협을 받아 우리 곁을 떠날 위기에 처한 것들도 있답니다. 멸종위기에 놓인 나무들이 그것으로 우리의 관심과 보호가 절실히 필요합니다.

숲 속에 살고 있는 나무는 여러 종류입니다. 키가 큰 큰키나무가 숲의 위쪽을 이루고 있고, 그 밑에는 이보다 조금 작은 작은키나무가 있으며, 숲의 중간층과 바닥에는 떨기나무가 있습니다. 또한 덩굴나무는 큰키나무나 떨기나무를 감고 올라가기도 합니다.

하지만 숲은 나무들만으로 이루어져 있지 않습니다. 짐작했겠지만, 다양한 종류의 풀들이 숲 바닥에서 나무들과 함께 살아가고 있는데, 이처럼 풀과 나무가 자연스레 어우러진 숲이 건강한 숲입니다.

숲은 여러 동물들뿐만 아니라 버섯과 미생물들도 함께 살아가는 공간입니다. 이처럼 건강한 숲은 그 기능을 제대로 발휘하여 지구의 생명체들이 살아갈 수 있도록 도와줍니다. 나무만으로 또는 풀만으로 이루어진 숲보다는 나무와 풀 두 친구가 모두 모여 이루어진 숲이 이 같은 일을 더욱더 잘 할 수 있답니다.

여러분도 혼자서 하기 어려운 일도 친구들과 어우러져 하면 더욱 쉽게 해낼 수 있지요. 숲에서 나무와 풀이 서로 도와 중요한 일을 해내는 것처럼 말이에요. 나무에 대해 배우면서 숲과 여러분의 친구들에 대해서도 생각해 보았으면 좋겠어요.

2006년 5월 현진오

차 례

1. 더불어 숲

　숲 속 공동체 · 12
　숲은 쓰레기 없는 공장 · 14
　나무를 이루는 꽃, 열매, 잎의 구조 · 16

2. 나무의 보석, 열매

멀위랑 다래랑 먹고 청산에 살으리랏다 _ 다래나무와 머루 · 20
도토리 키 재기, 해 보나마나 _ 상수리나무 · 24
드렁드렁 으름덩굴, 사르르 으름열매 _ 으름덩굴 · 28
감꽃 먹고, 보릿고개도 넘고 _ 감나무 · 32
화사한 노랑으로 봄소식 전하네 _ 산수유나무 · 36

나무 박사님이 들려주는 나무 이야기 : 나무는 우리에게 어떤 도움을 주나요? · 40
나도 미래의 나무 박사 : 나뭇잎으로 엽서 만들기 | 나무껍질 표본 만들기 · 42

3. 도시의 산소 호흡기, 가로수

살아 있는 화석식물 _ 은행나무 · 46
봄밤을 하얗게 수놓는 찬란한 꽃송이 _ 왕벚나무 · 50
나와 함께 놀자, 방울나무야 _ 버즘나무 · 54
늠름한 푸름이여, 영원하라 _ 메타세쿼이아 · 58
좋은 기운 가득하니 행복이 절로 오네 _ 회화나무 · 62

나무 박사님이 들려주는 나무 이야기 : 나이테는 나무의 주름살? · 66
나도 미래의 나무 박사 : 올망졸망 다양한 나무 열매 | 나무 열매 채집하기 · 68

4. 남과 북을 잇는 우리나라의 나무 마스코트

내 꽃을 활짝 피워 봄을 빛내리라 _ 철쭉나무 · 72
영원히 피고 또 피리라 _ 무궁화 · 76
수줍은 얼굴 가득 함박웃음 머금었네 _ 함박꽃나무 · 80
늘 푸른 나뭇잎처럼 변함없어라 _ 소나무 · 84
개나리 노란 꽃 그늘 아래 _ 개나리 · 88

나무 박사님이 들려주는 나무 이야기 : 나무일까? 풀일까? · 92
나도 미래의 나무 박사 : 모과나무야, 모과나무야! | 모과나무 키우기 · 94

5. 쓰임새 많은 고마운 나무들

곧게 자라 튼튼한 기둥으로 서거라 _ 건축재로 쓰이는 나무들 · 98
열매 달여 먹고 배앓이 멎어라 _ 약용으로 쓰이는 나무들 · 102
네 몸에 예술가의 정신을 담아라 _ 생활 용품 및 공예에 쓰이는 나무들 · 106
참 곱구나, 자연을 닮은 어여쁜 빛깔 _ 염료로 쓰이는 나무들 · 110
아름다운 풍경에 마음이 쉬어 가네 _ 관상용으로 쓰이는 나무들 · 114

나무 박사님이 들려주는 나무 이야기 : 바닷가에도 나무들이 자란다고? · 118
나도 미래의 나무 박사 : 퇴비는 나무의 보약! | 낙엽과 음식물 쓰레기로 거름 만들기 · 120

6. 이제는 사라져 가는 우리의 나무들

귀하디귀한 우리 땅 나무야 _ **미선나무** · 124
나무 가득 사랑이 피었네 _ **히어리** · 128
나랑 친구하자, 노랑나비야 _ **개느삼** · 132
세상에서 가장 작은 나무라지만 _ **돌매화나무** · 136
늘 푸른나무, 경계를 허물다 _ **박달목서** · 140

나무 박사님이 들려주는 나무 이야기 : 식물의 생존 경쟁, 독을 뿜는 나무들 · 144
나도 미래의 나무 박사 : 숲 체험 학습도 하고 산림욕도 하고 | 숲과 함께하는 산림욕 · 147

찾아보기 · 148

세밀화 카드

1장

더불어 숲

숲 속 공동체

　숲은 여러 생물들이 함께 살아가는 공동체로, 나무와 수풀이 무성한 곳을 말합니다.

　숲에는 큰키나무, 떨기나무 등의 나무가 층을 이루어 자랄 뿐만 아니라 바닥에는 온갖 풀들이 무성하게 자라고 있지요. 흔히 참나무숲, 굴거리나무숲, 소나무숲이라 하는 것은 그 숲에 가장 많이 자라는 나무의 이름을 따른 것입니다. 하지만 실제로 숲 속에는 여러 종류의 나무와 풀들이 함께 층층이 자라고 있습니다.

　숲을 이루는 여러 식물들은 햇빛을 사용하기 위해 환경에 잘 적응하고 있습니다. 식물들은 햇빛이 없으면 영양분을 만들 수 없기 때문에 자손들을 햇빛이 있는 쪽으로 퍼뜨리려 합니다. 또한 여러 종류의 나무들은 스스로 햇빛을 충분히 이용할 수 있도록 숲 속에서 층을 이루어 자라납니다.

　밑바닥에서 자라는 식물들도 숲 속의 환경에 잘 적응하고 있습니다. 특히 이른 봄에 숲 속에서 왕성한 생장을 하고 꽃까지 피우는 풀들의 생존 전략을 살펴보면 식물이 빛이라는 환경에 얼마나 잘 적응하는지 알 수 있습니다. 이 풀들은 숲을 이루는 나무들의 잎이 아직 생겨나지 않아 햇빛이 숲 밑바닥까지 들어오는 시기에 맞춰 싹을 틔워 영양 물질을 만듭니다. 또한 몇몇 식물은 이 시기에 꽃을 피워 씨까지 맺지요. 그리고 나무들에 잎이 무성하게 돋아 햇빛을 받을 수 없게 되면 한해살이를 마감하게 됩니다.

　이처럼 건강한 숲에서는 그 곳에 살고 있는 식물 하나 하나가 환경에 잘 적응하며 살아갑니다. 숲이 견디지 못할 정도로 많은 사람들이 산을 찾고,

나무를 함부로 베거나 일부러 심어 가꾸는 일들 모두가 숲에게는 해로운 일입니다. 사람들이 이처럼 간섭하지만 않는다면 건강한 숲은 스스로 상처를 치료하고 조화롭게 유지될 수 있으니까요.

우리가 생활하기 위해서는 숲을 이용해야 한다는 점에서 이러한 간섭은 불가피한 것일지도 모르겠습니다. 하지만 간섭은 스스로 잘 유지되는 건강한 숲보다는 건강하지 못한 숲에만 적용되어야 합니다. 따라서 천연림 또는 자연림을 유원지로 만들거나 그 곳에 인위적으로 나무를 심을 때는 신중하게 생각해야겠지요. 모든 자연은 스스로 살아갈 때 가장 자연스러운 법이니까요.

숲은 쓰레기 없는 공장

숲은 살아 있는 다양한 생명들이 끊임없이 활동하는 커다란 공동체입니다. 소중한 숲은 여러 가지 기능을 통해서 우리에게 많은 것들을 선물합니다. 숲의 좋은 점을 얘기하자면 수도 없이 많겠지요.

그중에서도 중요한 숲의 기능은 크게 경제자원 공급, 생물다양성 유지, 문화적 기능 등으로 나눌 수 있습니다. 과거에는 목재생산과 같은 자원공급 기능에 큰 관심을 두었지만 최근에는 그 쓰임과 의미가 더욱 확장되었습니다.

최근에 환경오염과 생태계 파괴가 심각해짐에 따라, 살아 있는 생명체와 같은 숲의 생태적, 문화적 가치가 그동안 우리가 생각했던 것보다 더 높다는 것을 깨닫게 되었습니다. 숲은 산사태를 방지하고 들짐승을 보호하며 깨끗한 물과 맑은 공기, 쾌적한 쉼터를 제공해 주는 등 여러 모로 인간에게 이롭고 특별한 곳이기 때문이지요.

이런 숲의 가치를 경제적으로 환산하여 평가하려는 노력들도 이루어지고 있는데요, 우리 나라 산림의 공익적 기능을 금액으로 환산하면 연간 약 34조 원에 이른다고 합니다. 굳이 경제적으로 따지지 않더라도 요즘 같은 혼탁한 세상에 숲의 그늘에 앉아 맑은 공기를 쐬며 산림욕을 하는 것만으로도 그 가치를 몸으로 느낄 수 있습니다.

숲은 광합성을 통해 지구온난화 현상을 일으키는 탄산가스를 흡수하고, 산소를 만들어 맑은 공기를 제공합니다. 숲 1헥타르(ha=1만㎡)는 40명이 1년간 숨 쉬는 데 충분한 12톤의 산소를 만들어 냅니다. 그래서 우리는 숲을

'지구의 허파' 또는 '천연 공기정화기'라고 부르는데 숲은 가히 우리 인간의 숨구멍 역할을 훌륭하게 하고 있습니다.

 또한 숲은 물을 가둘 수 있는 자연 저수지 역할도 합니다. 우리 나라의 가장 큰 댐인 소양강 저수량의 10배쯤 되는 물을 저장할 수 있다고 하니 놀라운 일이 아닐 수 없습니다.

 이처럼 숲은 '녹색 댐' 역할을 함으로써 불필요한 댐 건설을 막아 자연을 보호할 수 있게 합니다. 댐 건설은 주변 생태계를 파괴시키거든요. 이밖에도 숲은 흙을 붙잡아서 산사태를 막아 주며, 수많은 동물들의 먹이와 삶터를 제공해 줍니다.

 숲이 더욱 고마운 것은, 여러 기능을 통해 우리에게 많은 것을 선물하면서도 숲은 지구에 쓰레기를 남기지 않는다는 점입니다. 각종 공장에서 생산되는 공산품은 과거에는 자연생태계에 존재하지 않았던 물질, 즉 생물에 의해 분해되지 않는 해로운 물질들을 지구에 남깁니다.

 하지만 숲에서 발생된 낙엽이나 죽은 나뭇가지 등은 박테리아나 곰팡이에 의해 유기물로 분해되어 다시 흙으로 돌아가기 때문에 쓰레기로 남지 않습니다.

 이렇듯 소중한 우리의 숲에서 생물들은 자신의 생명을 보존해 나가기 위해 힘겨운 싸움을 하며 살아갈 것입니다. 쓰레기가 없는 생명 공장인 숲은 우리 모두의 소중한 자원이며 보호해야 할 삶의 터전입니다.

나무를 이루는 꽃, 열매, 잎의 구조

꽃 구조

열매 구조

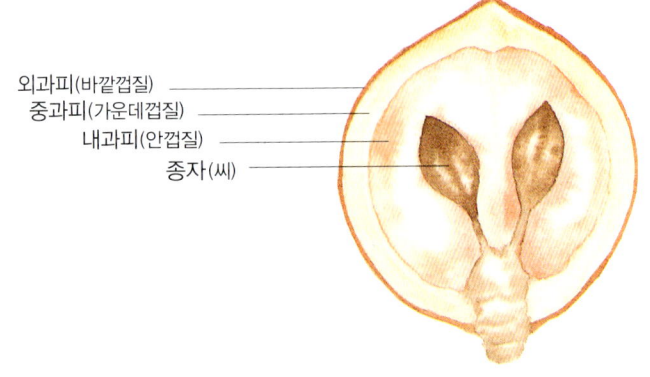

홑잎 구조

- 잎끝
- 잎 가장자리 톱니
- 주맥(가운데잎줄)
- 측맥(곁잎줄)
- 잎몸
- 잎자루

2장

나무의 보석, 열매

멀위랑 다래랑 먹고 청산에 살으리랏다

다래나무와 머루

머루나 다래나무는 다른 물체를 감고 올라가는 덩굴식물입니다. 고려가요(고려시대 서민들이 부르던 노래) '청산별곡'에서도 '멀위랑 다래랑 먹고 청산에 살으리랏다'라고 노래할 정도로 머루와 다래(다래나무의 열매)는 우리나라의 대표적인 열매이며, 우리는 이 둘을 짝꿍처럼 붙여서 이야기합니다.

덩굴식물에는 나팔꽃, 오이 등 풀 종류가 많지만 칡이나 등나무처럼 나무인 것도 있습니다. 이런 식물은 덩굴손이나 공기뿌리가 있어서 다른 물체에 기대어 살 수 있는데, 때로는 줄기 자체가 다른 물체를 감고 올라가기도 합니다.

덩굴식물 중에는 언제나 같은 방향으로만 감고 올라가는 식물들이 있습니다. 등나무, 인동, 박주가리 등은 항상 오른쪽으로, 계요등, 칡, 댕댕이덩굴은 항상 왼쪽으로 다른 물체를 감고 올라가지요.

'갈등'이라는 말은 이런 식물의 독특한 현상을 표현한 말인데, 견해 차이로 생기는 불화를 뜻합니다. 갈(葛)은 칡, 등(藤)은 등나무를 이르는 한자인데, 두 식물이 각각 다른 방향으로 감고 올라가는 성격 때문에 서로 얽히고 충돌하는 거죠.

덩굴손 덩굴을 이루는 줄기를 고정하고 지탱해 주는 특수화된 식물기관. 채찍이나 실같이 가느다란 가닥으로 흔히 줄기 마디에서 나온다.
공기뿌리 기근이라고도 한다. 땅속에 있지 않고 공기 중에 노출되어 있는 뿌리를 통틀어 이르는 말.
장과 겉껍질은 얇고, 살에는 즙이 많으며, 속에는 씨가 들어 있는 열매.

쥐다래나무 열매   개다래나무 열매

다래나무

- 학명 : *Actinidia arguta* (Siebold et Zucc.) Planch ex Miq.
- 과명 : 다래나무과
- 형태 : 낙엽활엽의 덩굴나무
- 꽃 : 암·수꽃이 다른 나무에 달리며, 5~6월에 흰색 꽃이 핀다.
- 열매 : 달걀 모양의 장과이며, 털이 없고 10월에 황록색으로 익는다.
- 잎 : 어긋나며 넓은 타원 모양이다. 잎 가장자리에 가는 톱니가 있다.
- 원산지 : 한국

머루

- 학명 : *Vitis coignetiae* Pulliat ex Planch.
- 과명 : 포도과
- 형태 : 낙엽활엽의 덩굴나무
- 꽃 : 원뿔 모양의 꽃차례는 잎과 마주 달리고 6월에 황록색 꽃이 핀다.
- 열매 : 장과이며 송이로 되어 밑으로 처지는데 9월에 흑색으로 익는다.
- 잎 : 어긋나기하며 넓은 달걀 모양이다. 끝이 5개로 갈라지고 가장자리에 작은 톱니가 있다.
- 원산지 : 한국

꽃

다래나무 꽃

무성하게 우거진 다래나무 덩굴

　서리 내린 후 가을 꽃을 보러 산에 가면 우연히 수풀에 떨어져 있는 다래를 주워 먹는 행운을 누릴 수 있습니다. 숲 속에 떨어진 다래는 나뭇잎 사이나 바위 곁에 떨어져 잘 보이지 않지만 그 때문에 보물찾기 하듯이 찾아 먹는 즐거움이 있습니다.

　우거진 산속, 등산로가 없어 길을 뚫고 산행을 해야 할 때 만나는 다래덩굴은 사실 골칫덩어리입니다. 덩굴이 너무 우거져 있으면 헤쳐 나가기가 힘들거든요. 그래도 찔레처럼 가시가 있는 것보다는 나은 편이지요.

　서양에서 들어온 키위라는 열매를 본 적이 있나요? 양다래라고도 부르는 키위는 뉴질랜드와 캘리포니아에서 대량으로 재배하는 과일로 다래나무과에 속한답니다. 섬다래나무는 전라남도와 제주도에 드물게 자라는데 열매 크기가 키위처럼 크고 모양도 비슷합니다.

　우리나라 토종인 다래나무는 깊은 산속 햇볕이 따사로운 곳에서 자라며, 열매는 자연 상태에서 9~10월에 황록색으로 맛있게 익습니다.

　먹을 게 별로 없던 옛날 시골에서는 가을만 되면 기다리던 별미가 있었습니다. 바로 머루지요. 왕머루나 개머루가 우리나라의 산에서 흔히 볼 수 있는 머루의 종류이며, 가을이면 붉게 단풍이 듭니다. 머루의 종류에는 왕머루, 개머루, 까마귀머루 등이 있는데, 이들 열매는 잘 익으면 색깔이 검푸른 빛이 돌며 뽀얀 분이 납니다. 그중에서도 왕머루가 제일 달고 맛있는데, 실컷 맛있게 먹고 나면 혀와 입가가 시꺼메지지요.

머루는 포도와 생김새가 닮았지만 포도보다 알의 굵기가 작고 엉성한 편입니다. 이쯤하면 머루의 장점을 개량해서 만든 것이 포도라는 것을 알 수 있겠죠?

머루는 즙을 내어 마시거나 술을 빚어 먹기도 하고, 어린잎이나 줄기는 나물로 무쳐 먹기도 하지요. 또 눈을 맑게 해 주고 어린이들의 두뇌 발달에도 좋으며 기침, 천식, 가래 등에 효능이 있습니다.

여러 가지 다래 열매

다래의 종류에는 맛있게 먹을 수 있는 섬다래 말고도 약용으로 쓰이는 쥐다래와 개다래가 있습니다. 서리 내린 후 잘 익은 섬다래는 저절로 나무에서 떨어지는데 그때 먹으면 최고로 맛있습니다. 개다래는 길쭉하고 끝이 뾰족하게 생겼으며, 아린 맛이 나고 맛이 없어 먹지 못합니다. 쥐다래 역시 길쭉하게 생겼는데 개다래와 비교했을 때 끝이 뭉툭하게 생겼으며 먹을 수 있습니다.

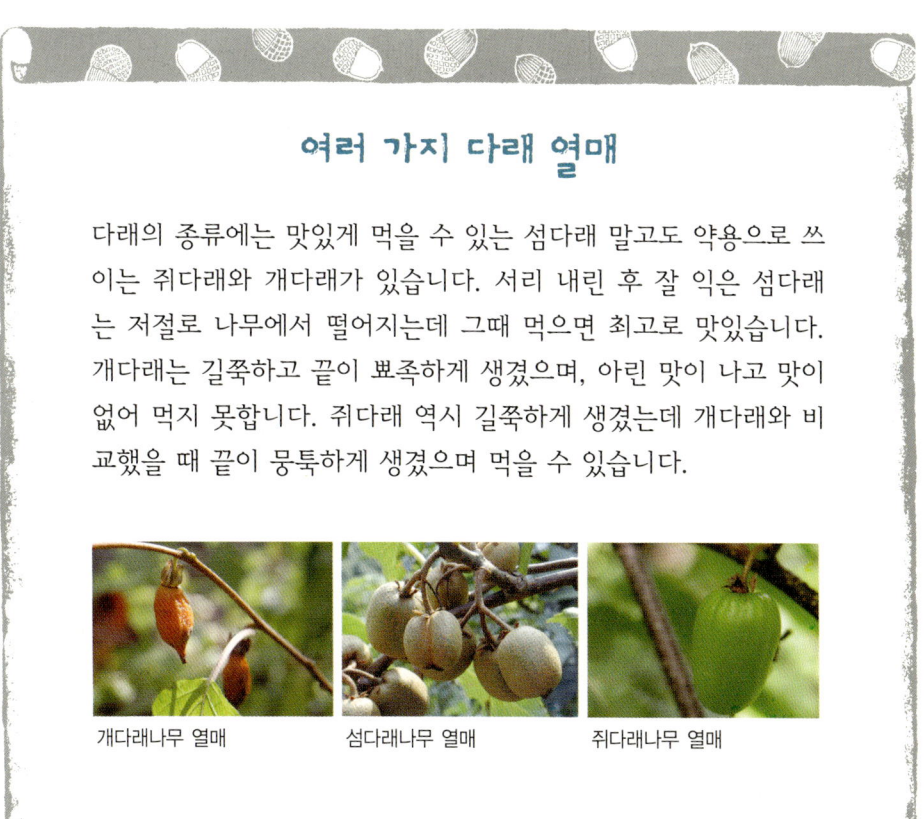

개다래나무 열매   섬다래나무 열매   쥐다래나무 열매

도토리 키 재기, 해 보나 마나

상수리나무

우리나라의 대표적인 나무를 꼽으라고 하면 참나무를 드는 사람들이 많습니다. 그러나 정작 참나무라는 이름을 가진 나무는 없지요. 참나무는 어느 한 나무의 이름이 아니기 때문입니다. 나무 중의 나무, 진짜 나무라고 해서 참나무이며, 상수리나무를 포함하여 신갈나무, 떡갈나무, 졸참나무, 굴참나무, 갈참나무 등을 통틀어 이르는 이름입니다.

참나무류 나무들은 다른 종끼리 결혼을 잘하므로 잡종이 많습니다. 실제로 산에 가 보면 기본종보다 잡종이 더 많을 정도인데, 이들 잡종 나무들의 이름이 아주 재밌습니다. 몇 가지 살펴볼까요?

   떡신갈나무(떡갈나무와 신갈나무의 잡종)
   떡갈참나무(떡갈나무와 갈참나무의 잡종)
   신갈졸참나무(신갈나무와 졸참나무의 잡종)
   갈졸참나무(갈참나무와 졸참나무의 잡종)
   물참나무(신갈나무와 졸참나무의 잡종)

이름만 봐도 어떤 종류와의 잡종인지 쉽게 구분이 가지요? 위에 든 예 말고도 많은 종류의 잡종 참나무들이 있습니다.

견과 단단한 껍데기에 싸여 보통 한 개의 씨가 들어 있는 나무 열매.

상수리나무

- ● ● 학명 : *Quercus acutissima* Carruth.
- ● ● 과명 : 참나무과
- ● ● 형태 : 낙엽활엽의 큰키나무
- ● ● 꽃 : 5월에 피며, 암·수꽃이 한 나무에 따로 달린다.
- ● ● 열매 : 둥근 모양의 견과이며 다음 해 10월에 익는다.
- ● ● 잎 : 긴 타원 모양으로 바늘처럼 생긴 톱니와 12~16쌍의 측맥이 있다.
- ● 원산지 : 한국

열매

어린 시절을 떠올리면 산과 들로 뛰어다니며 놀던 기억이 대부분이지만 그중에서도 가을이면 상수리를 주우러 다니던 기억이 선합니다. 상수리를 주머니에 넣고 다니며 살살 굴리는 것만으로도 신나고 재미있는 놀이였지요.

처음에는 상수리나무 잎 모양만 보고 밤나무로 착각했던 적도 있습니다. 그러나 이제는 문제없어요. 같은 듯 다른 둘 사이의 차이점을 알려 줄게요.

반들반들 윤이 나면서 동글동글 귀여운 도토리. 요즘 이 도토리가 아주 인기더군요. 여러분도 도토리로 미니홈피를 꾸미거나 선물을 주고받은 경험이 있지요? 도토리는 참나무과 나무에 열리는 열매를 통틀어 부르는 말입니다. 도토리나 상수리가 열리는 나무를 도토리나무라고도 부르지요.

도토리는 딱딱하고 매끄러운 껍질이 있고, 공이나 달걀 모양을 하고 있으며, 열매의 중간이나 아래까지 깍정이로 싸여 있습니다. 도토리는 나무의 종류에 따라 모양과 크기가 조금씩 다릅니다.

도토리는 여러 가지 유용한 음식 재료로 쓰입니다. 다람쥐나 청설모 같은 숲 속 동물의 중요한 먹이이자, 그 가루로 만드는 도토리묵은 사람들이 즐기는 별미이지요. 쫀득쫀득하고 고소하면서도 쌉싸래한 도토리묵은 조상 대대로 내려오는 전통적인 건강 음식입니다. 특히 졸참나무 열매로 만든 도토리묵이 제일 맛있습니다.

졸참나무의 열매는 떫은맛이 나지 않아 날것으로 먹기도 하지요. 그 밖의 열매는 물에 담갔다가 떫은맛을 뺀 후에 녹말을 채취하여 묵으로 만듭니다. 몸에 좋으면서도 칼로리가 낮아 다이어트에도 좋은 도토리묵. 올 가을에는 직접 도토리를 주워 도토리묵을 해 먹으면 어떨까요?

상수리 상수리나무의 열매. 도토리라고도 부른다.
깍정이 참나무류 열매의 밑을 싸고 있는 조그만 종지 모양의 받침.

헷갈리는 상수리나무 잎과 밤나무 잎

상수리나무 잎과 밤나무 잎은 비슷하게 생겨 종종 헷갈리지요. 그러나 간단한 차이점만 알면 가려내기 쉽답니다. 상수리나무는 잎 가장자리톱니에 엽록소가 없어서 희지만, 밤나무는 그렇지 않습니다. 그래서 밤나무 잎은 초록색이지만 상수리나무 잎은 불그스레하거나 허여스름하지요.

상수리나무 잎

밤나무 잎

드렁드렁 으름덩굴, 사르르 으름열매

으름덩굴

　으름덩굴은 제주도에서 황해도까지 우리나라 산지 곳곳에 자라는 대표적인 우리 나무입니다. 드렁드렁 휘감아 줄기를 드리운 으름덩굴은 보기에도 아름답고 열매도 맛이 좋습니다. 꽃은 향기가 좋고 오래가 옛날에는 으름덩굴 꽃을 말려 향낭(향을 넣어서 차고 다니는 주머니)에 넣어 다니며 향수로 대신했다고 합니다.

　으름덩굴 열매는 어린 시절의 추억이 담긴 열매입니다. 어린 시절, 집 근처에 20미터쯤 되는 아주 큰 소나무가 있었는데, 그 나무를 타고 으름덩굴이 자라 꼭대기에 열매가 먹음직스럽게 익어 벌어져 있었지요.
　그걸 따 먹긴 해야 하는데 침을 꼴깍꼴깍 삼키며 아무리 돌멩이를 던져도 열매는커녕 으름 근처에도 닿지를 않았어요. 결국엔 하는 수 없이 나무를 잘 타서 타잔이라는 불리던 제가 맨발로 나무를 타고 올라갔지요.
　으름덩굴 열매를 따서 아래로 던지면 친구들은 두 손을 벌려 신나게 잡았어요. 그렇게 고생해서 딴 열매를 친구들과 함께 나눠 먹던 기억을 떠올리면 지금도 그때 그 으름 맛이 생각나 입에 침이 고입니다. 또 덜 익은 것은 따 와서 보리쌀 항아리에 넣어 두면

총상꽃차례 긴 꽃대에 꽃자루가 있는 여러 개의 꽃이 어긋나게 붙어서, 전체 모양이 긴 세모 모양을 이루는 꽃차례.
장상복엽 한 개의 잎자루에 여러 개의 작은 잎이 손바닥 모양으로 붙은 겹잎.

으름덩굴

- ● ● 학명 : *Akebia quinata* (Thunb.) Decne.
- ● ● 과명 : 으름덩굴과
- ● ● 형태 : 낙엽활엽의 덩굴나무
- ● ● ● 꽃 : 4~5월에 피며, 암·수꽃이 한 나무에 달린다. 잎과 더불어 짧은 가지의 잎 사이에서 나오는 짧은 총상꽃차례에 달린다.
- ● ● 열매 : 장과이며, 긴 타원 모양이다. 10월에 자갈색으로 익고 세로로 벌어진다.
- ● ● ● 잎 : 장상복엽이며, 새로 나온 가지에서 어긋나기로 달리고, 오래된 줄기에서는 모여나기한다.
- ● 원산지 : 한국

열매

그 상태에서 말랑말랑하게 익는데, 나중에 꺼내 맛있게 먹곤 했지요.

으름덩굴은 보랏빛 꽃이 매우 아름다우며 잎도 특이합니다. 으름덩굴 열매를 종종 바나나와 비교하곤 하는데, 으름덩굴 열매는 바나나보다 훨씬 부드럽고 미끈거리며 달콤하고 비릿한 독특한 향이 있습니다. 비엔나소시지처럼 생긴 작고 길쭉한 열매가 햇빛에 잘 익으면 벌어지는데, 그때 먹어야 제 맛이지요.

으름덩굴 열매를 입 안에 넣으면 너무 부드러워서 혀에 사르르 감기며 시원한 느낌이 듭니다. 하얗고 미끌거리는 살에 수많은 딱딱한 검은 씨가

박혀 있어서 입 안에서 느껴지는 감촉은 바나나와는 많이 다르지요. 씨를 통째로 꿀떡 삼키면 나중에 똥으로 나옵니다.

봄에 돋아난 으름덩굴의 여린 잎과 줄기는 나물로 먹기도 하고 어린잎들은 쪄서 말렸다가 차를 끓여 먹기도 합니다. 겨울철 낙엽이 진 뒤에 거둔 줄기는 잘라서 껍질을 벗겨 말리면 약으로 쓸 수 있는데, 피를 잘 돌게 하여 불면증에 좋으며 소변을 잘 보게 하고 신경 안정에도 좋다고 합니다. 또한 덩굴은 바구니를 만드는 데 쓰이기도 합니다.

대형 마트나 과일 가게에서 흔히 볼 수 있는 바나나보다 산속에서만 볼 수 있는 으름덩굴 열매가 더 귀하고 맛난 과실이란 생각이 듭니다. 옛날에는 산에서 흔히 볼 수 있는 열매였지만 지금은 산에서 만나는 시원한 얼음같이 소중한 선물이니까요.

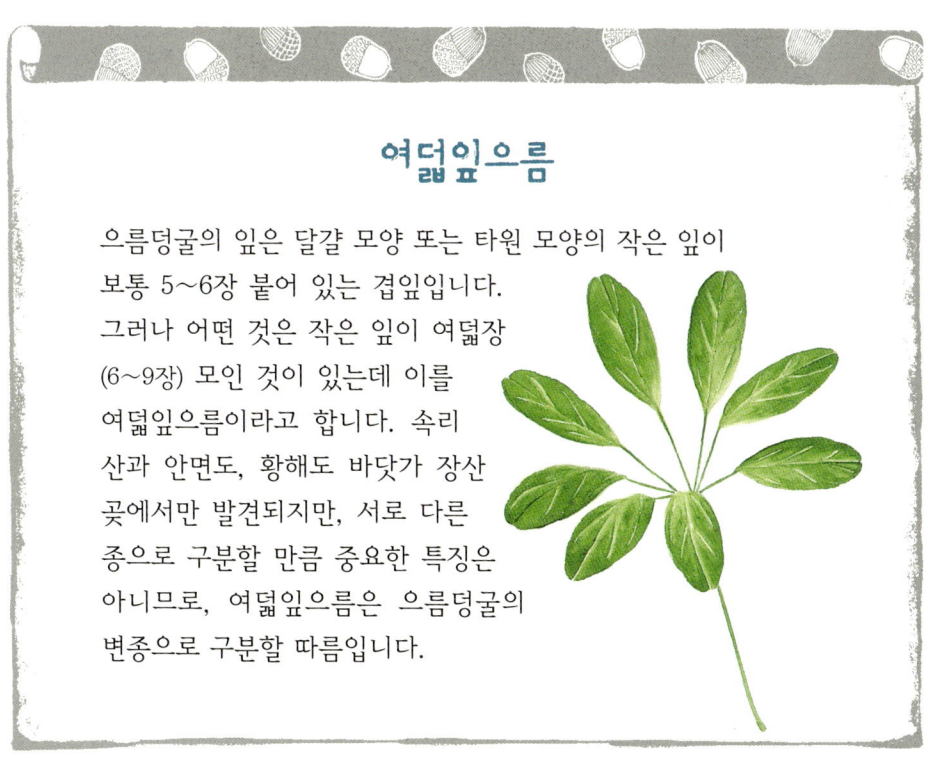

여덟잎으름

으름덩굴의 잎은 달걀 모양 또는 타원 모양의 작은 잎이 보통 5~6장 붙어 있는 겹잎입니다. 그러나 어떤 것은 작은 잎이 여덟장 (6~9장) 모인 것이 있는데 이를 여덟잎으름이라고 합니다. 속리산과 안면도, 황해도 바닷가 장산곶에서만 발견되지만, 서로 다른 종으로 구분할 만큼 중요한 특징은 아니므로, 여덟잎으름은 으름덩굴의 변종으로 구분할 따름입니다.

감꽃 먹고, 보릿고개도 넘고

감나무

 감꽃을 먹어 본 적이 있나요? 감꽃은 떨떠름하면서 달착지근한 맛이 납니다. 옛날 먹을 것이 없었던 시절, 보릿고개 때에는 감꽃을 주워 먹으며 배고픔을 달래기도 했답니다. 또한 아이들은 떨어진 감꽃을 실에 꿰어 감꽃 목걸이를 만들어 놀기도 했지요.

 어린 시절, 고향 제주도에서 어른들이 덜 익은 감을 으깨어 갈옷을 만드는 것을 여러 번 보았습니다. 갈옷은 제주도의 대표적인 민속 의상으로 짙은 갈색 옷입니다.
 감즙을 하얀 천에 염색해서 말렸다가 다시 염색하기를 반복하면 천이 더욱 빳빳해집니다. 이 염색은 풋감의 타닌 성분이 섬유와 결합해 응고되어서 딱딱하게 되는 것을 이용한 것으로, 햇빛을 쪼이면 짙은 갈색으로 변한답니다.
 갈옷의 장점은 옷감이 빳빳하므로 세탁한 후 풀을 먹이거나 다림질을 하는 등 잔손질이 필요 없다는 것입니다. 또한 공기가 잘 통해 시원하고 습기에 강해 땀을 흘려도 옷감이 몸에 달라붙지 않아 여름에 좋습니다.
 감나무는 과수원에 줄지어 심기보다는 집 마당이나 마을 어귀에 몇 그루씩 심어서 가꿉니다. 원산지는 우리나라, 일본, 중국이

타닌 식물에 함유되어 있는 물질이며, 주로 가죽 제조, 섬유 염색 및 여러 의학적 용도로 사용된다.
양성꽃 한 개의 꽃 속에 암술과 수술이 모두 있는 꽃.

감나무

- ● ● 학명 : *Diospyros kaki* Thunb.
- ● ● 과명 : 감나무과
- ● ● 형태 : 낙엽활엽의 큰키나무
- ● ● ● 꽃 : 암·수꽃이 따로 피거나 양성꽃이 달리며, 5~6월에 연노랑색 꽃이 잎겨드랑이에 핀다.
- ● ● 열매 : 열매는 장과로 달걀 모양 또는 납작한 공 모양이며 10월에 주황색으로 익는다.
- ● 원산지 : 동아시아

꽃

파란 가을 하늘과 잘 어울리는 붉은 감

라고 전해지지만 우리나라에서 저절로 자라는 것을 직접 찾지 못했기 때문에 확실하지는 않습니다.

감나무는 따뜻한 지방에서 잘 자랍니다. 그래서 중부 이남 지역에서 흔히 재배되지요. 그러나 같은 위도여도 해안 지방은 따뜻해서 잘 자라는 반면 백두대간 등의 내륙 산지는 추워서 잘 안 자랍니다. 그래서 영서 지방보다 영동 지방에서 더 잘 자랍니다.

감나무의 잎은 타원 모양이며 가죽처럼 반질반질 윤이 나는데, 방향을 달리하여 어긋나게 달립니다. 꽃은 연노랑색으로 5~6월에 잎겨드랑이에 핍니다.

감나무의 열매인 감은 10월쯤에 주황색으로 익습니다. 덜 익으면 떫은 맛이 나고, 붉게 잘 익으면 말랑말랑하고 달콤합니다. 늦가을 완전히 익기 전에 따서 차가운 곳에 보관하면 홍시(연시)가 되는데, 겨울밤 살짝 언 차

잎겨드랑이 잎과 잎이 붙어 있는 줄기의 사이.

가운 홍시를 숟가락으로 떠 먹으면 아이스크림보다도 더 부드럽고 달콤하답니다.

덜 익은 감을 깎아 가을 햇빛에 잘 말리면 곶감이 되는데요, 시골에서는 곶감을 저장했다가 긴긴 겨울밤 간식거리로 먹곤 했답니다.

요즘 우리가 흔히 먹는 단감은 개량종으로 완전히 익기 전에도 떫은맛이 거의 없습니다. 또한 감나무 잎으로는 차를 끓여 마실 수 있는데, 비타민 C가 풍부해서 건강에도 좋답니다.

고욤나무

고욤나무는 감나무과의 낙엽교목으로, 감나무와 비슷하게 생겼습니다. 우리나라의 산에서 저절로 자라는 감나무의 토종 격인 나무로 열매는 감나무보다 훨씬 작습니다. 열매는 지름이 약 1~1.5센티미터 정도이며 씨가 많고 맛이 떫습니다. 감나무를 접목할 때 대목(접붙일 때 바탕이 되는, 뿌리 달린 나무)용으로 쓰인답니다.
한국(경기 이남), 일본, 중국 등지에 분포하며 민가 근처에서 많이 자랍니다. 꽃은 암·수꽃이 다른 나무에 달리며 항아리 모양으로 피고, 열매는 둥근 모양으로 10월에 익습니다.

고욤나무 열매

화사한 노랑으로 봄소식 전하네

산수유나무

꽃이 피어서 / 산에 갔지요 / 구름 밖에 / 길은 삼십 리 / 그리워서 / 눈 감으면 / 산수유꽃 섧게 피는 꽃길 칠십 리

― 〈산수유꽃 필 무렵〉 곽재구

전라남도 구례군 산동면에 가면 산수유나무 마을이 있습니다. 매년 봄이면 온동네가 노란 산수유꽃으로 옷을 갈아입지요.

마을 근처에 흔히 심어 가꾸는 산수유나무는 잎보다 꽃이 먼저 피는 나무입니다. 산수유꽃은 이른봄에 노랗게 피어 봄소식을 알리는 꽃으로 사랑받아 왔지요. 원산지는 중국으로 주로 중부 이남에서 잘 자랍니다.

화사하게 핀 산수유꽃이 노란빛을 발하면 눈이 부실 정도로 아름다워 해마다 봄이면 전남 구례와 경기 이천, 양평 등지에서 산수유 축제가 열린답니다.

꽃은 3~4월에 잎보다 먼저 피는데, 한꽃에 암술과 수술을 모두 갖추고 있습니다. 꽃대에 20~30개의 꽃이 우산살 모양의 꽃차례를 형성하는 산형꽃차례로 피는데, 우산살처럼 펼쳐진 꽃자루마다 노란 꽃이 한 송이씩 달려 있습니다.

꽃잎은 4장이고 길쭉한 세모 모양입니다. 꽃잎 밑에는 4장의 꽃받침잎이 있는데, 잎은 가장자리가 밋밋하고 타원 모양이며 마주납니다.

산수유나무 열매는 빨간 색이 예쁜 타원 모양으로, 8~10월에 익습니다. 쓴맛이 나면서 시큼한 편이지요.

산수유나무

- ●● 학명 : *Cornus officinalis* Siebold & Zucc.
- ●● 과명 : 층층나무과
- ●● 형태 : 낙엽활엽의 작은키나무
- ●●● 꽃 : 암술과 수술이 함께 있는 양성꽃이며, 3~4월에 잎보다 먼저 핀다. 꽃의 색은 노랗고, 산형꽃차례에 20~30개의 꽃이 달린다.
- ●●● 열매 : 가을에 열매가 선홍색으로 익는다. 타원 모양의 장과로 광택이 난다.
- ●●● 잎 : 긴 타원 모양이며 마주나기한다. 4~7개의 측맥이 있으며 표면에 광택이 있고 잎 뒷면 잎맥 사이에 갈색 털이 있다.
- ● 원산지 : 중국

꽃

빨갛게 익은 산수유나무 열매

　어린 시절, 아주머니들이 산수유나무 열매를 약재로 쓰려고 입으로 오물오물 씨앗을 발라 일일이 분리하는 것을 본 적이 있습니다. 산수유나무 열매는 간과 신장을 보호하고 허약해진 몸에 힘을 북돋아 주기 때문에 차로 끓여 마시거나 술을 담가 먹거나, 한약 재료와 함께 달여서 먹습니다.
　산수유나무는 그 생김새 때문에 종종 생강나무와 헷갈리는 사람들이 많습니다. 이 둘은 꽃 피는 시기와 색깔이 비슷해서 자주 혼동을 일으키지만 완전히 다른 특성을 가지고 있습니다. 여러분도 봄 산행에서 산수유나무나 생강나무를 만난다면 헷갈리지 말고 특징을 잘 살펴서 구별해 보세요.

산수유나무와 생강나무

- 생강나무는 꽃자루가 거의 없고, 산수유나무의 꽃자루는 길이가 1센티미터쯤으로 길다.
- 꽃 피는 시기는 생강나무가 산수유나무보다 좀 더 빠르다. 생강나무는 지역에 따라서 2월에 피기도 한다.
- 생강나무는 화피(꽃잎과 꽃받침이 구분되지 않는 꽃에서 둘을 함께 이름)가 6장이고, 산수유나무는 꽃잎이 4장이다.
- 산수유나무는 나무껍질이 각질처럼 일어나 떨어져 나오지만 생강나무는 그렇지 않다. 또, 생강나무는 어린 가지가 녹색이고 꺾으면 생강 냄새가 난다.
- 생강나무는 야산에서 저절로 자라고, 산수유나무는 주택가 뜰에 심어 기른다.
- 식물 분류상으로 생강나무는 녹나무과에, 산수유나무는 층층나무과에 속한다.

산수유나무

생강나무

나무 박사님이 들려주는 나무 이야기

나무는 우리에게 어떤 도움을 주나요?

▌**나무 박사님** ▶ 눈에 보이지는 않지만 나무들이 만들어 내는 산소 덕분에 내가 숨을 쉴 수 있다는 사실! 자, 대단한 나무들의 활약상을 살펴볼까?

나무 한그루는 공기 1리터당 7,000개의 먼지 입자를 감소시켜 준단다.

창문을 통해 나무를 볼 수 있는 환자는 그렇지 못한 환자보다 회복 속도가 빨라.

큰 나무 한 그루는 하루에 379리터의 물을 지하에서 끌어올려 공중으로 발산해.

나무 한 그루는 50년간 자라면서 3,400만 원 가치의 산소와 3,900만 원 상당의 물을 생산하고 6,700만 원에 해당하는 대기 오염 물질을 제거하는 기능이 있어.

나무 박사님 ▶ 나무는 역시 인간에게 없어서는 안 될 소중한 자연이야. 이런 나무와 더불어 오래오래 함께 살아가기 위해서는 어떻게 해야 할까?

우리나라 국민 한 사람은 일생 동안 평균 55㎥의 목재를 소비한다고 해. 이런 수요를 충족하기 위해서는 평생 약 500 그루의 나무를 심어야 한단다.

'우리나라에는 더 이상 나무 심을 곳이 없다.'라고 하는데, 이는 잘못 알려진 상식이야. 도심 등에는 아직도 나무를 심어야 할 곳이 많단다. 학교 주변의 자투리 땅, 아파트 화단, 쓰레기 매립지 등이 이에 해당되지.

나도 미래의 나무 박사

나뭇잎으로 엽서 만들기

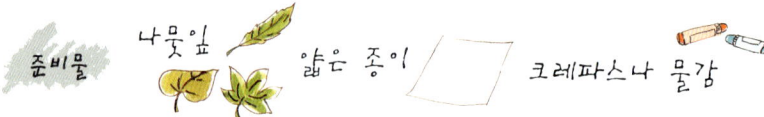

1 가까운 숲이나 집 근처 뜰에서 떨어진 나뭇잎을 모으세요.

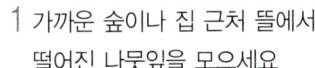

2 종이를 알맞은 크기로 잘라 나뭇잎 위에 얹어요.

3 색연필이나 크레파스로 그 위를 살살 문지르면 나뭇잎의 모양을 뜰 수가 있어요.
나뭇잎에 물감을 칠한 후, 종이에 도장처럼 찍어도 봐요.

4 모양을 뜬 종이를 잘 오려 예쁜 엽서로 사용해요. 친구나 부모님께 사랑의 편지를 써 보세요.

나무껍질 표본 만들기

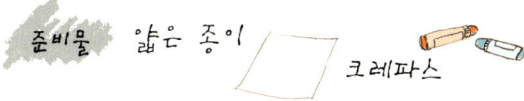

1 종이를 알맞은 크기로 잘라 나무껍질에 대고 붙이세요.

2 크레파스로 종이 위를 문지르는데, 방향은 아래위 방향으로만 문질러요.

3 종이에 그려진 나무껍질의 모양을 관찰해 봐요.

오톨도톨 나무껍질의 세계

어떤 나무든 나무 겉을 에워싸고 있는 껍질이 있습니다. 나무껍질을 다른 말로 수피라고도 하지요.

나무의 종류에 따라 거칠거칠한 수피도 있고, 매끈매끈한 수피도 있어요. 그러나 대부분 나무들은 거칠거칠한 껍질을 가졌답니다. 왜냐하면 나무가 자라면서 껍질이 터지는 경우가 많고, 껍질 표면에 오톨도톨한 점이 있기 때문입니다. 이 점들을 '피목'이라고 합니다.

피목은 바로 나무껍질의 눈이라고 할 수 있습니다. 숲에 있는 다양한 나무의 껍질을 관찰해 보고 피목의 모양이 어떻게 다른지, 껍질이 우툴두툴한지 매끈매끈한지 살펴보세요.

3장

도시의 산소 호흡기, 가로수

살아 있는 화석 식물

은행나무

　도시의 숲이 자꾸 사라지고 있습니다. 도시는 날로 파헤쳐지고 오염은 심각하며 녹지는 점점 사라지고 있지요. 이런 환경일수록 가로수를 많이 심어서 빈약해지는 녹지를 확보해야 합니다. 도시의 산소 호흡기 가로수. 그중에서도 은행나무가 가로수의 대표 선수지요.

　은행나무는 병충해가 없으며 공해에 대한 적응력도 매우 강해 가로수로 많이 심습니다. 은행나무는 살아 있는 화석식물이라고 불릴 만큼 지구상에서 오랜 세월을 거쳐 살아온 나무입니다. 밑씨가 공기 중에 드러나 있기 때문에 겉씨식물이라고 하는데, 속씨식물과 함께 종자식물로 분류합니다.

　현재 지구상에 살고 있는 식물 가운데 관다발을 가지고 있는 고등식물은 양치식물, 겉씨식물, 속씨식물 등이 있습니다. 이러한 고등식물은 전 세계에 걸쳐 25~28만 종이 있는데, 그중 속씨식물이 25만 종 이상으로 대부분을 차지하고 있지요. 속씨식물은 꽃식물 또는 피자식물이라고도 부르며, 꽃이 피는 식물입니다.

　겉씨식물은 모두 해서 900종 정도밖에 안 되는데, 종의 숫자로만 볼 때는 현재 멸종 위기에 처해 있다고 할 수 있습니다. 겉씨식물은 고생대부터 나타나서 중생대 중반에 엄청나게 번식해 전성기를 이루다가 기후와 환경이 변하면서 현재처럼 몇몇 종만이 살아남게 되었습니다. 겉씨식물에는 은행나무와 소철 종류, 소나무 종류, 마황 종류 등 크게 4개의 식물 무리가 섞여 있습니다. 이들은

은행나무
- ●●● 학명 : *Ginkgo biloba* L.
- ●●● 과명 : 은행나무과
- ●●● 형태 : 낙엽활엽의 큰키나무
- ● 생식기관 : 속씨식물의 암꽃에 해당하는 밑씨가 2개 달린 밑씨자루와 속씨식물의 수꽃에 해당하는 꽃가루포자수가 각각 다른 그루에 달리며, 5월에 짧은 가지에 잎과 함께 달린다.
- ●●● 열매 : 둥글고 노랗게 익으며, 씨 껍질에서는 고약한 냄새가 난다.
- ●●●● 잎 : 짧은 가지 끝에 3~5장씩 모여 난다. 긴 가지의 잎은 어긋나고 부채 모양으로 퍼진다.
- ●● 원산지 : 중국

가을 단풍이 든 은행나무 잎

모두 겉씨식물에 속하지만 서로 매우 다른 특징을 가진 식물들입니다.

겉씨식물의 가장 큰 특징은 밑씨를 싸고 있는 것이 아무것도 없어서 밖으로 드러나 있다는 것입니다. 또한 꽃을 피우지 않는 특징도 있습니다. 속씨식물의 생식기관을 꽃이라고 하지만 겉씨식물은 꽃이라고 하지 않고 포자수라고 합니다. 모든 겉씨식물에는 암꽃에 해당하는 암포자수와 수꽃에 해당하는 수포자수가 따로 있으며, 이들은 한그루에 달리거나 서로 다른 그루에 달립니다.

은행나무의 포자수는 5월경에 잎과 함께 나오는데, 암·수 포자수가 따로 달립니다. 꽃가루는 굉장히 멀리까지 날아가는데 몇 백리 떨어진 곳에 수나무 한그루만 있어도 꽃가루받이가 일어나서 열매가 열리는 것을 종종 볼 수 있습니다.

은행나무는 현재 중국에만 자생지가 있고 우리나라나 미국에서 볼 수 있는 은행나무는 증식된 것을 가져다 심은 것들입니다.

은행나무를 시집(장가) 보낸다는 말을 들어 본 적이 있나요? 은행나무는

포자수 쇠뜨기 등의 몇몇 양치식물과 소나무, 은행나무, 소철 등의 모든 겉씨식물에서 볼 수 있는 생식기관이다. 속씨식물의 꽃에 해당하며, 포자를 싸고 있는 잎이 변한 것이다. 소나무 종류에서는 원뿔 모양이지만 다른 겉씨식물들에서는 그 모양이 조금씩 다르다.
반세포 속씨식물의 체관 옆에 있는 세포로 주로 양분의 이동을 돕는다.

암·수 그루가 따로 있기 때문인데, 암나무는 펑퍼짐하게 생기고 수나무는 뾰족하게 생기는 경우가 많습니다.

은행나무에 열리는 열매를 은행이라고 하는데, 10월이면 노란색으로 익습니다. 이 열매는 단단한 껍질에 싸여 있는데 냄새가 그렇게 지독할 수가 없는데요, 이 냄새의 비밀은 열매껍질에 있습니다. 사람들에게는 지독하게 느껴지는 이 냄새는 열매 겉에 있는 과즙과 함께 동물들을 유혹하여 먹게 함으로써 씨를 멀리 퍼뜨리는 역할을 합니다. 은행은 약용으로 많이 쓰이며, 호흡 기능과 혈액 순환을 좋게 하는 효과가 있습니다.

우리나라에서 가장 큰 나무는 어떤 나무일까요? 바로 천연기념물 제30호로 지정된 용문사의 은행나무입니다. 약 1,100살이나 되며 키가 57미터에 이르는 이 나무는, 수많은 전쟁과 화재를 겪었지만 놀랍게도 지금껏 잘 보존되고 있습니다.

겉씨식물과 속씨식물의 차이점

특징	겉씨식물	속씨식물
생식기관	암, 수가 따로 있는 포자수	꽃
밑씨	밖으로 드러나 있다	씨방에 싸여 있다
물관부	헛물관	물관
체관부	반세포 없다	반세포 있다
수정	중복 수정을 하지 않는다	중복 수정을 한다

봄밤을 하얗게 수놓는 찬란한 꽃송이

왕벚나무

봄밤 향기로운 눈송이가 날리는 걸 본 적이 있나요? 왕벚나무 꽃은 봄밤을 하얗게 수놓는 연분홍빛 아름다운 꽃입니다. 한줄기 바람에 흩날리는 꽃잎은 꼭 눈송이 같지요. 벚꽃은 봄의 절정에 피는 꽃으로 화사하고 아름답습니다. 밤에는 빛을 발하는 것처럼 화려하지요.

가지 한가득 탐스럽게 핀 벚꽃을 보면 커다란 솜사탕 같습니다. 그러나 그 꽃들은 찬란히 피었다가 얼마 가지 않아 비가 오면 한꺼번에 후드득 떨어지지요.

잘 알고 있듯이 일본의 국화는 벚꽃입니다. 한때는 일본의 나라꽃이라는 이유로 왕벚나무가 수없이 베어지곤 했습니다.

일본 사람들이 아끼고 좋아하는 왕벚나무는 맨 처음 일본에서 발견되었으나 자생지가 발견된 적이 없어 원산지 논란이 있었습니다. 그러나 몇 년 전 제주도에서 300년 된 왕벚나무와 산벚나무의 자생지가 발견되었고, 연구 끝에 왕벚나무는 우리나라 제주도가 원산지라는 사실이 밝혀졌습니다. 제주도 한라산과 전라남도 두륜산에 자라는 것을 자생종으로 취급하고 있지요.

그 후 우리나라의 도심에도 널리 심어 가꾸어 지금은 도시에서도 왕벚나무를 흔히 볼 수 있습니다. 한때는 일본 나무라고 홀대받던 왕벚나무였지만 오해가 풀리고 난 후 벚꽃축제가 열리면서 봄의 화사한 분위기를 더하고 있습니다. 하지만 문제는 지금 도시에 심어진 왕벚나무가 대부분 일본에서 들여다 증식시킨 것이

왕벚나무

- 학명 : *Prunus yedoensis* Matsum.
- 과명 : 장미과
- 형태 : 낙엽활엽의 큰키나무
- 꽃 : 4월에 잎보다 먼저 피며 흰색 또는 연분홍색이다. 짧은 산방꽃차례에 3~6개의 꽃이 달린다. 암술대에 털이 난다.
- 열매 : 핵과로 둥글며 6~7월에 검은빛이 도는 붉은색으로 익는다.
- 잎 : 어긋나기로 달리고 달걀 모양이다. 뒷면 잎맥 위와 잎자루에는 털이 있으며 가장자리에 예리한 겹 톱니가 있다.
- 원산지 : 한국

열매

화사하게 피어난 왕벚나무 꽃

라는 데 있습니다.

왕벚나무는 장미과에 속하는 나무로 4월에 잎보다 꽃이 먼저 피지요. 꽃은 하얀색 또는 연분홍색으로 꽃잎은 5장이며, 암술대에 털이 있습니다. 키는 15미터 정도까지 자라고, 잎은 어긋나게 달리며 잎 끝은 뾰족하고 가장자리에는 날카로운 톱니들이 있습니다.

벚나무의 열매를 버찌라고 하는데요, 팥빙수와 케이크 장식에서 빠지지 않는 체리가 바로 버찌의 한 종류입니다. 열매는 둥글고 크기는 7~8밀리미터 정도 되며 검은빛이 도는 붉은색으로 익습니다. 맛은 새콤하고 달콤합니다.

벚나무는 약한 편이어서 몇십 년 자라면 가지가 뚝뚝 부러지기도 하는데, 가지가 부러지며 생긴 상처에 수액이 흘러 벌레가 많이 생기기도 하고 또 나무 둥치 자체가 상하기도 합니다. 바로 이런 점이 가로수로 심은 왕벚나무가 50년 이상을 살지 못하는 이유이기도 하지요. 이제부터 왕벚나무 가지를 자른다거나 다치게 해서는 안 되겠지요?

왕벚나무의 원산지는 한국

왕벚나무는 오랫동안 일본 나무라는 오해를 받아 왔고 지금도 많은 사람들이 벚꽃을 '사쿠라'라고 부르며 일본 나무로 잘못 알고 있습니다. 그러나 왕벚나무는 원래 한국이 원산인 우리나라 나무입니다.

왕벚나무의 학명은 'Prunus yedoensis Matsum.(프루누스 에도엔시스 마츠무라)'입니다. 프루누스는 벚나무의 속명이고 에도는 동경의 옛 이름으로서 '동경에서 발견된'이라는 뜻이며, 마츠무라는 최초로 학명을 붙인 일본 학자의 이름입니다. 1901년 동경대학의 한 교수가 동경에서만 자라는 나무라 하여 이 같은 학명을 붙인 것이지요.

그러나 1908년 한 프랑스 신부가 한라산 북쪽 관음사 뒷산 해발 600미터 지점에서 왕벚나무를 채집하여 독일의 식물학자 괴네 교수에게 보내 제주도가 왕벚나무의 자생지임을 확인하게 됩니다.

이때부터 왕벚나무의 족보를 놓고 세계학자들 간에 논쟁이 일어났지만 일본에서는 단 한 곳의 자생지도 발견되지 않았습니다.

문화재청은 1964년 제주 왕벚나무 자생지인 남제주군 남원읍 신례리와 제주시 봉개동 2곳을 천연기념물 제156호와 159호로, 1966년 전남 해남군 삼산면 구림리에 있는 두륜산 대둔사 왕벚나무 자생지를 천연기념물 제173호로 각각 지정해 보호하고 있습니다.

나와 함께 놀자, 방울나무야

버즘나무

　버즘나무를 생각하면 가장 먼저 초등학교 운동장이 떠오릅니다. 어린 시절 개구쟁이 친구들은 버즘나무의 열매로 꿀밤을 때리고 다녔는데요, 저도 그것에 맞아 혹이 났던 적이 한두 번이 아니었습니다. 자루가 있고 열매가 단단해서 꿀밤을 때리고 놀기에 좋은 버즘나무 열매로 이마를 맞으면 얼얼할 정도로 정말 아프답니다.

　가을이면 커다란 아름드리 버즘나무 아래, 동그랗고 딱딱한 열매가 매달려 있던 기억이 납니다. 이 열매는 공 모양으로 둥글며 지름이 3센티미터 정도 됩니다. 9~10월이면 길게 늘어진 자루에 2~6개 정도 열리지요. 열매라고 한 이것은 사실은 열매덩이랍니다. 자세히 들여다보면 작고 딱딱한 열매가 수십 개나 모여 큰 공 모양의 열매덩이를 이루고 있지요. 북한에서는 이 열매가 방울 같다고 하여 '방울나무'라고 부릅니다.

　오염에 강하고 대기를 정화시키며 우리나라 어디서나 잘 자라기 때문에 가로수로 많이 심는 버즘나무는 우리나라에 두 종류가 들어와 있습니다. 버즘나무와 양버즘나무가 그것인데요, 이 둘의 잡종인 단풍버즘나무도 있습니다. 버즘나무는 유럽 및 서아시아가 원산지이고, 단풍버즘나무는 미국이 원산지이며, 이들을 통틀어 플라타너스라고 부릅니다.

　버즘나무와 양버즘나무는 비슷하지만 차이점이 있습니다. 버즘나무는 껍질이 잘 벗겨지는 반면, 양버즘나무는 잘 안 벗겨지

버즘나무

- 학명 : *Platanus orientalis* L.
- 과명 : 버즘나무과
- 형태 : 낙엽활엽의 큰키나무
- 꽃 : 암·수꽃이 한나무에 달리며, 5월에 핀다. 수꽃은 잎겨드랑이에, 암꽃은 가지 끝에 달린다.
- 열매 : 한 개의 대에 덩이열매가 2~6개씩 달리며 방울 모양이다. 10월에 성숙하여 이듬해 봄까지 나무에 달려 있다.
- 잎 : 손바닥 넓이만큼이나 크며 3~5갈래로 얕게 갈라진다.
- 원산지 : 유럽 및 아시아 서부

며, 열매도 양버즘나무는 하나씩 달리지만, 버즘나무는 여러 개씩 달리지요.

버즘나무는 암·수꽃이 한그루에 같이 핍니다. 다른 꽃과 반대로 수꽃이 잎겨드랑이에 하나 나고, 암꽃 여러 개가 머리 모양으로 가지 끝에 빽빽이 붙어 있습니다. 잎은 달걀 모양으로 너비가 10~20센티미터 정도 되며 3~5갈래로 얕게 갈라집니다.

버즘나무는 아주 잘 자라는데, 30미터 정도까지도 자라니 정말 대단하지요?

여름에는 나뭇잎이 손바닥보다 커지고 무성해집니다. 덕분에 무성한 잎사귀들이 초록의 풍성함을 자랑하고 사람들이 쉬어 갈 수 있는 큰 그늘을 만들어 주지요.

수피의 형태에 따라 이름을 붙인 나무들

버즘나무의 수피(나무껍질)는 둥글게 조각이 나서 떨어지므로 그 모습이 얼룩덜룩합니다. 버즘나무라는 이름은 그 모습이 마치 사람 피부에 피는 버즘(버짐)과 비슷하다고 해서 붙여진 이름입니다. 이처럼 수피의 형태를 보고 이름 지어진 나무에는 어떤 것들이 있는지 좀 더 살펴볼까요?

가문비나무는 검은빛 수피를 가졌다 하여 검은 피나무라 불리다가 가문비나무가 되었고, 두꺼운 수피 때문에 세로로 깊은 골이 파여 골참나무로 불리다가 이름이 변한 굴참나무가 있습니다. 그 밖에 붉은 수피가 띠 모양으로 벗겨지는 주목과 흰빛의 얼룩덜룩한 수피를 가진 백송 등이 있습니다.

굴참나무 수피

버즘나무 수피

백송 수피

주목 수피

느릅한 푸름이여, 영원하라

메타세쿼이아

　메타세쿼이아는 살아 있는 화석식물이라고 불릴 만큼 오래된 나무로 약 1억 년 전부터 모습을 그대로 유지해 온 나무입니다. 빙하기 때 거의 모든 생물이 공룡과 함께 멸종했지만 메타세쿼이아는 변함없이 단 한 종으로 지금까지 생명력을 자랑하고 있습니다. 그래서인지 메타세쿼이아 아래에 서면 아주 오랜 과거에서 현재까지 시간 여행을 하는 느낌이 듭니다.

　겉씨식물인 메타세쿼이아는 세쿼이아와 사촌쯤 되는 나무로, 중국 양쯔강 유역에만 자생지가 있습니다. 화석으로만 남아 있어서 멸종된 줄 알았는데 1941년에 중국 양쯔강 유역에서 발견되었습니다. 우리나라 포항에서도 메타세쿼이아 화석이 발견된 적이 있지요. 지금은 증식되어 전 세계에 퍼져 있는데, 우리나라에는 일제시대에 들어온 것으로 전해지고 있습니다.
　메타세쿼이아는 물가와 같은 습한 곳에서 잘 자라는 편이어서 중국에서는 수삼(水杉)이라고 부르기도 합니다. 나무의 전체 모습은 길쭉한 세모 모양으로, 50~70년 된 메타세쿼이아는 35미터 정도까지 크게 자랍니다.
　메타세쿼이아는 녹색의 작은 잎이 마주나며 그 여러 개의 잎이 모여 하나의 잎을 이룹니다. 가지는 옆으로 퍼지며 나무껍질은 갈색으로 벗겨집니다.

구과 솔방울. 비늘 모양의 조각이 여러 겹으로 포개져서 만들어지는 타원 모양 또는 원뿔 모양의 열매.

메타세쿼이아

- ●●● 학명 : *Metasequoia glyptostroboides* Hu & Cheng
- ●●● 과명 : 낙우송과
- ●●● 형태 : 낙엽침엽의 큰키나무
- ● 생식기관 : 4~5월에 속씨식물의 암꽃에 해당하는 밑씨솔방울과 수꽃에 해당하는 꽃가루솔방울이 한 나무에 달린다.
- ●●● 열매 : 구과로, 씨에 날개가 있다.
- ●●●● 잎 : 좁고 긴 잎이 마주나서 전체가 깃털 모양이다. 납작하고, 끝은 뾰족하다.
- ●● 원산지 : 중국

서울 양재천에 있는 메타세쿼이아 거리

　여름철 무성하게 자라 초록의 그늘을 드리우는 메타세쿼이아는 공해에도 강해 가로수로 많이 심고 나무의 질이 좋아 목재로도 많이 쓰입니다. 서울에도 메타세쿼이아 거리가 있는데요, 1970~1980년대에 물을 좋아하는 메타세쿼이아를 양재천을 따라 900여 그루 심어 가꾸었습니다. 지금도 양재천 길은 도심에서도 산림욕을 할 수 있을 만큼 울창한 숲을 자랑하고 있으며, 전라남도 담양의 메타세쿼이아 가로수 길도 많은 사람들의 사랑을 받고 있습니다.

　낙우송은 작은 가지에 달린 잎 모양이 메타세쿼이아와 비슷해서 종종 비교되곤 합니다. 원산지가 북아메리카인 이 나무는 떨어지는 깃털을 가진 소나무라고 하여 낙우송이라고 불립니다.

　우리나라에는 1920년쯤에 들어온 나무로 양지바르고 습한 곳에서 잘 자랍니다. 꽃가루솔방울과 밑씨솔방울이 한그루에 달리며 3~4월에 발달하는 낙우송 역시 메타세쿼이아 못지않게 크게 자라는데 대개 30~50미터까지 높이 자랍니다.

  그러나 낙우송은 작은 잎이 어긋나게 달리므로 메타세쿼이아와는 다르지요. 가을이면 여러 장으로 된 바늘잎이 갈색으로 물들어 짧은 가지와 함께 떨어지는 낙우송은 침엽수지만 겨울에는 잎이 다 지는 나무입니다.

땅으로 나온 뿌리, 기근

포항 기청산식물원에는 아주 큰 낙우송이 있는데요, 그 낙우송에게는 아주 신기한 것이 자랍니다. 낙우송 주위로 혹처럼 생긴 것이 불쑥불쑥 땅 위로 솟아 있는데, 이것을 기근, 우리말로 공기뿌리라고 부릅니다.

보통 뿌리는 땅속에서 식물의 몸을 떠받치거나 물을 흡수하고, 양분을 저장하는 등의 일을 하는 기관인데, 이렇게 낙우송의 기근처럼 공기 중에 나와 있는 뿌리도 있습니다. 이는 물을 좋아하는 낙우송의 뿌리가 물 때문에 숨을 못 쉬자 숨을 쉬기 위해 스스로 땅 위로 나온 것입니다.

포항 기청산식물원 낙우송의 기근

좋은 기운 가득하니 행복이 절로 오네

회화나무

　회화나무는 선비를 상징하는 나무로 옛날, 나라에 공을 세운 학자나 관리가 죽으면 이 나무를 심게 했다고 합니다. 또 중국에 자주 드나드는 선비 집안에서 위엄을 뽐내려 일부러 뜰에 한그루씩 심었다고도 합니다. 조선시대에는 백송, 능소화 같은 것들을 집 안에 둠으로써 중국에 드나든다는 것을 간접적으로 나타냈습니다.

　중국이 원산인 회화나무는 우리나라에서 아주 오래전부터 심어 가꾼 나무입니다. 햇빛이 잘 드는 기름진 땅에서 잘 자라며 우리나라 전국에 걸쳐 자라고 있지요.
　또 회화나무는 좋은 기운을 불러오는 나무라고 하여 길상목(吉祥木)이라고도 불렀습니다. 집 안에 이 나무를 심으면 가문이 번창하고 훌륭한 학자나 큰 인물이 난다고 믿었지요.
　회화나무는 추위와 공해에 강해 도시의 가로수나 공원에 많이 심습니다. 나무의 모양도 단정하고 위엄이 있으며 병충해에도 강하기 때문입니다.
　콩과 나무인 회화나무의 가지는 녹색이며 자르면 독특한 냄새가 납니다. 키는 25미터 정도까지 크게 자라고 작은 달걀 모양 잎이 어긋나며 아까시나무와 비슷하게 생겼지만 크기가 좀 더 작습

분리과 콩 꼬투리와 비슷하지만, 씨가 들어 있는 사이가 잘록하고 익으면 여러 개로 분리되는 열매.

회화나무

- ● ● 학명 : *Sophora japonica* L.
- ● ● 과명 : 콩과
- ● ● 형태 : 낙엽활엽의 큰키나무
- ● ● 꽃 : 8월에 새가지 끝에서 길이 20~30센티미터의 원추꽃차례로 핀다. 빛깔은 연노랑색이다.
- ● ● 열매 : 분리과로서 씨가 들어 있는 부분이 잘록잘록하다. 9~10월에 노랗게 익는다.
- ● ● 잎 : 어긋나기하며 깃꼴겹잎이다. 가장자리가 밋밋하며 잎 뒷면은 회백색으로 짧고 누운 털이 있다.
- ● 원산지 : 중국

열매

니다. 뒷면에는 작은 잎자루와 함께 누운 털이 있습니다. 암·수 한그루이고 7~8월에 노란빛이 도는 흰 꽃이 피는데 콩꽃과 비슷한 나비 모양으로 생겼습니다.

콩 꼬투리 같은 열매가 달리나 먹지는 못합니다. 꼬투리는 길이 5~8센티미터 정도 되고 열매가 달려 있는 사이가 개미허리처럼 오목하게 들어가며 밑으로 처집니다. 열매는 10월에 노랗게 익습니다.

중국에서는 괴상하게 생긴 열매라 하여 괴실이라고 부르고 꽃봉오리는 괴화라고 하여 약용으로 많이 쓰입니다. 괴화는 동맥경화나 고혈압에 효과가 있으며 맥주나 종이를 누런색으로 물들이는 데 쓰이기도 합니다.

꽃, 열매, 껍질, 작은 가지 등 회화나무의 각 부위는 한약재로 쓰이는데, '괴'의 중국 발음이 '회'이므로 이름이 회화나무가 되었다고 합니다.

회화나무는 아무 데나 심어도 잘 자라는 튼튼한 나무랍니다. 그래서 봄

콩 꼬투리처럼 열매 사이가 오목하게 들어가며 밑으로 처지는 회화나무 열매

에 씨앗을 심으면 베지 않는 한 쉽게 큰 나무로 키울 수 있습니다. 옮겨 심거나 꺾꽂이, 접붙이기를 해도 잘 삽니다.

함양의 칠북면, 인천의 서현동 등에는 수백 년 동안 30미터 가까이 높게 자란 회화나무가 여러 그루 있는데요, 천연기념물로 지정되어 보호를 받고 있습니다. 서울의 압구정동과 연신내의 가로수가 거의 회화나무로 이루어져 있지요. 보기도 좋고 약효도 뛰어나 여러 모로 사랑받는 것 같습니다.

양반꽃이라 불린 능소화

회화나무가 양반나무라면 능소화는 양반꽃입니다. 옛날에는 양반집에만 능소화를 심는다 하여 '양반꽃'이라 부르며, 양반이 아닌 집에서 능소화를 심으면 잡아다 벌을 주기도 했답니다. 그러나 지금은 주택가 곳곳에서 아름다운 능소화를 감상할 수 있습니다.
능소화는 중국이 원산으로 관상용으로 많이 심는 원예식물입니다. 낙엽덩굴식물이며, 키는 10미터 정도까지 자랍니다. 8~9월에 꽃이 피고 10월에 열매가 익는 능소화는 꽃가루에 갈고리 같은 미세한 가시가 있으므로, 눈에 들어가지 않도록 주의해야 합니다.

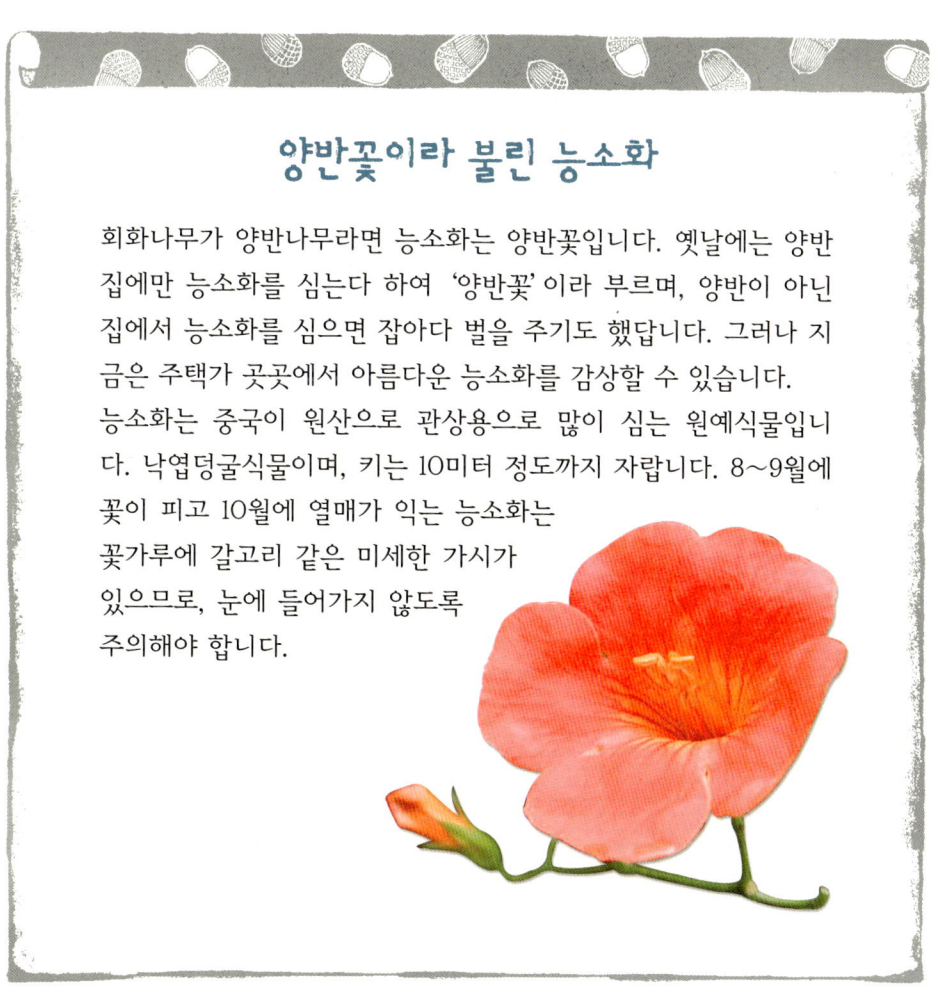

나무박사님이 들려주는 나무이야기

나이테는 나무의 주름살?

나무 박사님 ▶ 나무의 나이가 궁금하다고? 나무는 나이테로 나이를 말하지. 동물이 성장하는 것과 마찬가지로, 나무가 자라는 것은 세포의 분열에 의해 생장하는 것이란다.

1. 기후가 따뜻하고 수분이 풍부할 때에는 일반적으로 세포 분열이 활발하게 일어나고, 날씨가 춥고 건조할 경우에는 천천히 일어나게 된단다.

2. 세포분열이 활발한 시기에 생기는 나무의 새살은, 아주 빨리 자란 부분이고 수분도 많기 때문에 좀 무른 편이고 색깔도 옅은 편이지(변재).

3. 세포분열이 천천히 이루어진 시기에 생긴 부분은 조직이 치밀하고 색깔도 어둡고 진하단다(심재).

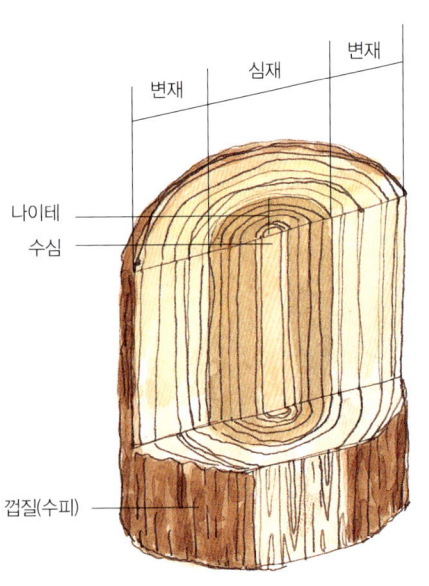

도대체 이 나무는 몇 살일까?

나무 박사님 ▶ 이렇게 기후의 변화에 따라 나무가 옆으로 자라는 속도가 달라짐에 따라 조직의 밀도나 굳기, 색깔의 차이가 생기게 되는데, 이때 나타나는 색깔의 차이가 바로 나이테란다.

우리나라에서 자란 나무는 옅은 색 하나, 진한 색 하나, 이렇게 일 년에 두 개의 띠가 생겨. 이 한 쌍을 1년으로 보면 되니까, 진한 색만 세어 보면 나무의 나이를 알 수 있겠지?

기후 변화가 뚜렷한 곳일수록 나이테는 선명하게 나타난단다. 반대로 사시사철 기후가 따뜻한 열대 지방의 나무들은 나이테가 잘 보이지 않는 경우가 많아.

하나, 둘, 셋, 넷…

나도 미래의 나무 박사

올망졸망 다양한 열매

숲 속을 산책하다 보면 솔방울이나 도토리 같은 나무의 열매를 발견할 수 있을 거예요. 무심코 지나치지 말고 다양한 모양의 열매를 채집해서 표본을 만들어 관찰해 보세요.

떡갈나무 / 상수리나무 / 신갈나무

졸참나무 / 굴참나무 / 갈참나무

나무 열매 채집하기

1 채집한 열매를 상자에 칸칸이 넣어요.

2 도감을 보고 어떤 열매인지 이름표를 달아 표시하세요.

3 열매의 모양과 특징을 관찰해요.

4 관찰 기록장에 열매의 사진을 붙이거나 그림을 그려 넣고 관찰한 사실을 기록해 보세요.

남과 북을 잇는
우리나라의 나무 마스코트

내 꽃을 활짝 피워 봄을 빛내리라

철쭉나무

  철쭉나무는 화려하고 아름다운 꽃이 피는 나무로 우리나라 남과 북에 걸쳐 만주까지 자라는 우리나라의 대표적인 나무라고 할 수 있습니다. 제주도에서 자란 저에게는 아쉽게도 진달래와 철쭉나무에 관한 추억이 없습니다. 제주도에는 진달래와 철쭉나무가 자라지 않기 때문이지요. 다만 한라산 높은 곳에 진달래의 변종인 털진달래가 있습니다.

  흔히 꽃을 먹을 수 있는 진달래를 참꽃이라고 하고 꽃을 먹을 수 없는 철쭉 나무를 개꽃이라고 합니다. 그러나 먹을 수 있고 없고를 떠나 두 종류 모두 견주기가 힘들 정도로 꽃이 아름답지요.
  사람들은 생김새가 비슷한 철쭉나무와 진달래를 혼동하는 경우가 많습니다. 분류학상으로도 철쭉나무와 진달래 모두 진달래과 진달래속에 속하는 비슷한 종류의 식물입니다. 하지만 두 식물의 특징을 자세히 살펴보면 서로 다른 점들이 있기 때문에 쉽게 구분할 수 있습니다.
  철쭉나무는 세계적으로도 우리나라와 만주에서만 자라는 키 2~5미터의 떨기나무입니다. 잎은 달걀 모양으로 가지 끝에 5개씩 모여 어긋나게 달립니다. 꽃은 가지 끝에서 3~7개가 잎과 함께 피는데, 담홍색을 비롯하여 흰색, 분홍색 등이 있으며, 깔때기 모양의 꽃부리 윗부분에는 안쪽으로 적갈색 반점이 있습니다. 꽃이 필

삭과 속이 여러 칸으로 나뉘고 칸마다 씨가 많이 들어 있는 열매.

철쭉나무

- • • 학명 : *Rhododendron schlippenbachii* Maxim.
- • • 과명 : 진달래과
- • • 형태 : 낙엽활엽의 떨기나무
- • • 꽃 : 가지 끝에 3~7개씩 달리며 잎과 함께 5월에 피고 연분홍빛이다.
- • • 열매 : 달걀 모양이며 삭과이다. 익으면 갈색이 되고 끝이 5갈래로 갈라진다.
- • • 잎 : 어긋나기하지만 가지 끝에서는 5개씩 모여나기도 한다. 가장자리에 톱니가 없고 드문드문 털이 나 있다.
- • 원산지 : 한국

때 잎이 가려질 정도로 한꺼번에 피는 게 특징이지요.

산을 온통 화려하게 수놓는 철쭉나무는 수로부인의 설화를 탄생시킨 꽃이기도 한데요, 삼국유사에 전해지는 〈헌화가〉라는 향가가 그것입니다.

순정공이 강릉태수로 부임하던 중 일행이 잠시 바닷가에서 쉬어 가게 되었습니다. 경치가 너무 아름다워 주위를 둘러보니 높은 절벽 위에 철쭉꽃이 탐스럽게 피어 있었지요.

순정공의 부인 수로가 그 꽃을 보고 "꽃을 꺾어다 바칠 사람이 없는가?" 하고 물었지만 시종들은 모두 불가능하다고 했습니다. 그때 암소를 끌고 가던 한 노인이 수로부인의 말을 듣고는 그 꽃을 따다 바치며 노래를 불렀습니다. 그 노래가 바로 〈헌화가〉입니다. 지나가던 노인이 절벽 위에 핀 철쭉꽃을 꺾어 바칠 만큼 수로부인은 아름다운 여인이었나 봅니다.

천연기념물로 지정된 철쭉나무도 있습니다. 강원도 정선군 반론산에 있는 철쭉나무는 200살로 천연기념물 제348호로 지정되어 있으며, 울산과 경남 밀양, 경북 청도 등 3개 시·도의 경계를 이루는 가지산에 자생하는 진달래철쭉 군락지도 천연기념물로 지정되어 특별 보호를 받고 있습니다.

산철쭉도 진달래과 식물 중의 하나입니다. 산철쭉은 냇가나 해발 1,000미터가 넘는 높은 지대에서 자라는데, 잎 모양은 진달래에 가깝고 꽃은 철쭉나무처럼 꽃부리 안쪽에 반점이 있습니다. 제주도에도 산철쭉이 있는데, 한라

한라산에 활짝 핀 산철쭉

산이나 지리산의 높은 지대에서 진달래나 철쭉나무와 함께 자랍니다. 산철쭉은 어린 가지, 꽃대, 잎에 점액 성분이 많아 끈적거리는데, 이는 진달래나 철쭉나무와 구분되는 산철쭉만의 특징입니다.

봄철의 산을 화려하게 수놓는 철쭉꽃을 따라 너울너울 꽃길을 기웃거리는 나비처럼 봄 산행을 떠나 보면 어떨까요?

철쭉나무와 진달래, 쉽게 구분하는 방법

첫째, 꽃피는 시기가 다릅니다. 진달래는 잎이 나기 전에 꽃이 피고, 철쭉나무는 잎과 동시에 꽃이 피거나 잎이 먼저 나옵니다.

둘째, 꽃 빛깔에 있어서는 진달래가 좀 더 진하고, 꽃의 크기는 철쭉나무가 큽니다. 그러나 고산지역에는 아주 색이 진한 철쭉나무도 있는데 아주 화려하고 예쁩니다. 또 철쭉나무는 꽃부리의 윗부분 안쪽에 적갈색 반점이 있습니다.

셋째, 잎 모양은 진달래는 길쭉하고 철쭉나무는 둥급니다. 키는 진달래에 비해서 철쭉나무가 더 큽니다.

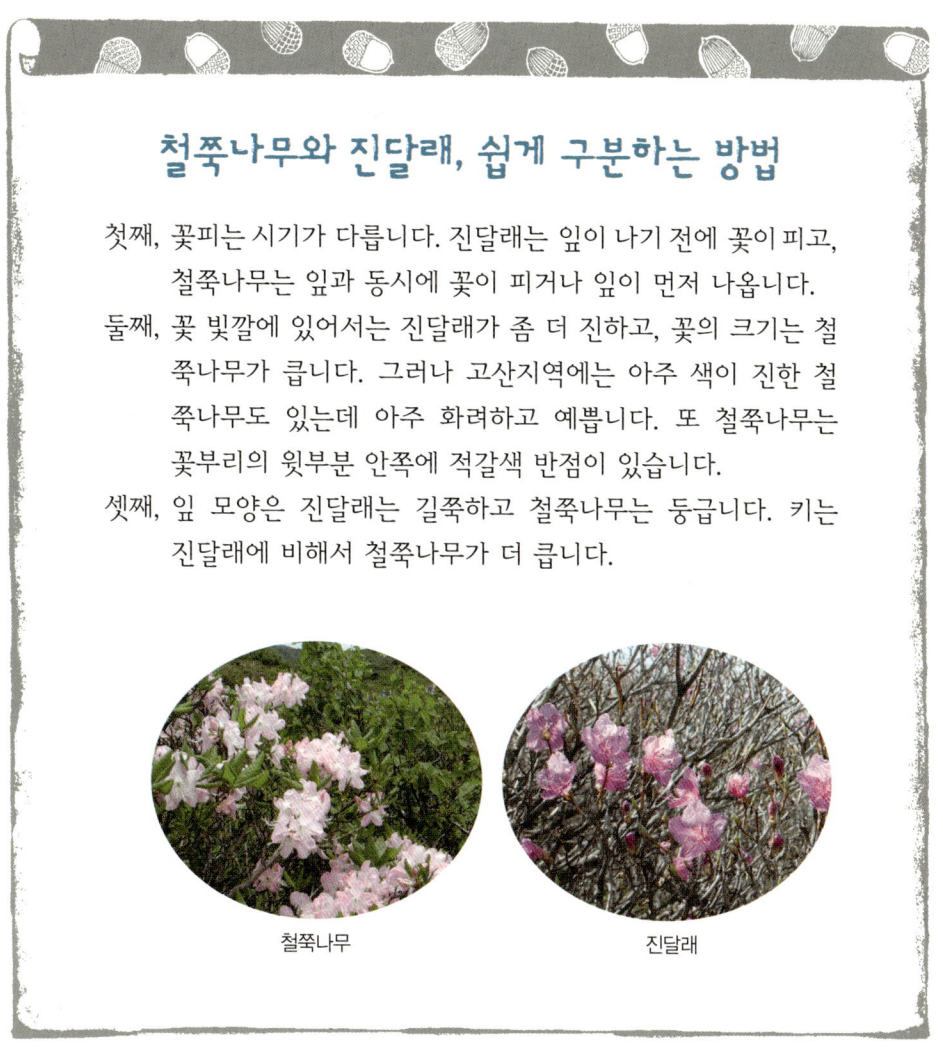

철쭉나무　　　　　진달래

영원히 피고 또 피리라

무궁화

　무궁화라는 이름은 '영원히 피고 또 피어서 지지 않는 꽃'이라는 뜻입니다. 애국가에서도 '무궁화 삼천리 화려강산'이라고 노래하는 것처럼 무궁화는 우리 민족의 영원한 번영을 바라는 꽃으로 사랑받아 왔지요.

　우리나라의 국화이기도 한 무궁화는 우리 민족을 대표하는 겨레의 나무입니다. 그러나 사실 무궁화는 우리나라가 아닌 중국과 인도가 원산지랍니다.

　무궁화는 아욱과에 속하는 나무입니다. 우리나라에서 볼 수 있는 무궁화속 식물은 무궁화, 황근, 닥풀, 수박풀, 부용 등이 있습니다. 이 가운데 우리나라에서 자생하는 유일한 식물로 황근이 있는데, 이는 노란색 무궁화라는 뜻입니다. 그러나 그 수가 많지 않기 때문에 멸종 위기에 처해 있습니다.

　갯아욱이라고도 불리는 황근은 아열대성 식물로 제주도의 바닷가, 전남 완도 소완도의 섬에서만 자생합니다. 황근은 아열대성 식물이라 추위에 약해 북쪽에서는 겨울을 나지 못합니다.

　황근을 제외한 나머지 식물들은 외국에서 들어온 외래 식물입니다. 무궁화는 우리나라에 들어온 후 다양한 원예 품종을 만들어 널리 퍼졌답니다. 개량된 품종은 계열도 다양한데요, 꽃의 색깔과 무늬에 따라 배달계, 백단심계, 적단심계, 자단심계, 청단심계, 아사달계 등으로 분류할 만큼 꽃의 모양과 색깔이 다양하답니다.

　무궁화는 여름이 지나 가을까지 계속 피고 지므로 꽃을 오랫동

무궁화

- 학명 : *Hibiscus syriacus* L.
- 과명 : 아욱과
- 형태 : 낙엽활엽의 작은키나무
- 꽃 : 7~9월에 잎겨드랑이에서 피어난다. 빛깔은 다양하며 5장의 꽃잎과 20~40개의 수술, 1개의 암술로 이루어져 있다.
- 열매 : 삭과로서 긴 타원 모양이고, 약간의 털이 있으며 10월에 익는다.
- 잎 : 어긋나기하며 마름모 모양이다. 얕게 3갈래로 갈라지며 무딘 톱니가 있고, 잎 뒷면에 털이 있다.
- 원산지 : 중국, 인도

열매

우리나라 자생종으로 노란색 무궁화라는 뜻의 황근

안 볼 수 있습니다. 그래서 정원이나 학교 화단, 공원에 조경용으로 많이 심어 가꾸고 산울타리로도 널리 이용합니다.

외국에서 들여온 외래종인 무궁화가 어떻게 우리나라 국화가 되었을까요? 옛것과 전통을 중요시하는 우리나라에서, 우리나라 원산도 아닌 무궁화를 국화로 지정한 것을 보면 어떤 이유가 있었을 것입니다.

무궁화는 조선왕조 다음인 대한제국 시절, 지식인들에 의해 국화로 선정되었습니다. 그 당시는 태극기와 애국가가 만들어질 무렵이었고, 무궁화의 좋은 뜻을 기린다는 의미에서 인도나 중국 원산이라는 사실을 모른 채 국화로 삼지 않았나 싶습니다.

남북 통일이 되면 어떤 꽃이 통일 국가의 꽃이 될까요? 아마 우리나라의 국화인 무궁화도, 북한의 국화인 함박꽃나무도 아닌 다른 어떤 꽃이 되지 않을까요? 충분한 시간을 갖고 여러 가지를 고려해서 우리나라 산과 들에서 저절로 자라는 나무면 좋을 거 같아요. 우리 겨레를 대표하는 아름다운 꽃으로 말이죠.

세계의 국화

나라마다 한 나라의 상징으로 아끼고 사랑하는 꽃이 있습니다. 세계 여러 나라의 국화를 알아볼까요?

잉글랜드 국화 — 장미

대한민국 국화 — 무궁화

네덜란드 국화 — 튤립

북한 국화 — 함박꽃나무

러시아 국화 — 해바라기

모나코 국화 — 카네이션

핀란드 국화 — 은방울 꽃

스위스 국화 — 에델바이스

수줍은 얼굴 가득 함박웃음 머금었네

함박꽃나무

　6월 말에서 7월 초순에 가야산에 가면 1,400미터가 넘는 높은 바위산 아래 숲이 펼쳐진 숲 사이로 희끗희끗 함박꽃나무 꽃이 피어 있는 멋진 광경을 만날 수 있습니다. 우거진 숲 속에서 하얗게 별처럼 박혀 있는 함박꽃나무 꽃은 산뜻하고 그윽한 풍경을 만들어 냅니다. 함박꽃나무가 한껏 흐드러지게 피어 있는 봄날의 산행은 머릿속까지 상쾌하게 합니다.

　함박꽃나무는 저지대에서 깊은 산골짜기까지 우리나라 전 지역에 골고루 자랍니다. 산목련이라고도 부르는 이 나무는 목련과 목련속에 속하며 꽃 피는 식물 가운데 하등한 식물이라 할 수 있습니다.
　함박꽃나무는 낙엽활엽의 작은키나무로 보통 6~10미터 정도까지 자랍니다. 우리나라의 목련과 나무 가운데 꽃이 유일하게 위를 향하지 않고 옆이나 아래를 향하는 특이한 습성을 가지고 있습니다. 꽃이 유난히 크고 탐스러워서일까요? 고개를 숙이고 있는 자태가 수줍어 보이기까지 합니다.
　함박꽃나무는 5~6월에 꽃이 피는데, 높은 산에서는 7월에도 꽃을 볼 수 있습니다. 가지는 잿빛과 노란빛이 도는 갈색이며 어린 가지와 겨울눈에 털이 있습니다.
　꽃은 이름처럼 큼지막한데요, 꽃의 지름이 7~10센티미터 정도나 됩니다. 꽃잎은 6~9장이고 수술은 붉은빛이 돕니다. 햇빛을 골고루 받으려는 듯 넓게 펼쳐진 타원 모양의 잎은 어긋나게 달립

함박꽃나무

- • • 학명 : *Magnolia sieboldii* K. Koch
- • • 과명 : 목련과
- • • 형태 : 낙엽활엽의 작은키나무
- • • 꽃 : 암·수꽃이 한 나무에 달리며, 5~6월경 새가지 끝에서 흰색 꽃이 핀다.
- • • 열매 : 달걀 모양이고, 9월에 검은색으로 익는다.
- • • 잎 : 어긋나기하며, 윗부분이 넓은 달걀 모양으로 끝이 뾰족하고 가장자리는 밋밋하다. 뒷면은 회색빛을 띤 녹색이고 잎맥과 잎자루에 털이 있다.
- • 원산지 : 한국

열매

수술과 암술

수술

니다. 전체적으로 꽃의 자태가 수수하면서도 귀족적이고 우아하지요.

열매는 타원 모양으로 생겼으며, 가을이면 주황색으로 예쁘게 익은 열매가 방방이 갈라진 주머니에서 두 개씩 고개를 내밉니다. 산새들은 이 열매를 아주 좋아한답니다.

제주도에서는 함박꽃나무를 만나기가 쉽지 않습니다. 한라산 수목한계선보다 높은 해발 1,300미터 이상의 위치에서는 아주 키가 작은 함박꽃나무가 자랍니다. 그 때문에 제주도의 함박꽃나무는 다른 지역과 모양이 다르답니다. 한라산의 함박꽃나무 생태는 앞으로 연구해 볼 과제이기도 합니다.

북한에서는 함박꽃나무를 목란이라고도 부르고, 작약을 함박꽃이라고 부릅니다. 또한 우리나라에서는 목단을 모란이라고 부르고요. 목란은 발음이 모란과 비슷해서 북한의 국화를 모란이라고 착각하는 경우가 많습니다. 생김새가 비슷해서 남한의 모란과 헷갈려하기도 하지요. 모란은 색깔이 붉고 화려한 편이고 북한의 국화인 함박꽃나무는 목련처럼 하얀 꽃입니다.

예전에는 진달래가 북한의 국화였지만, 지금은 함박꽃나무로 바뀌었답니다. 백의민족을 상징하는 하얀색에다 전국에 분포하며 우리나라의 자생나무여서 함박꽃나무를 국화로 정하지 않았을까요?

나무의 이름, 남과 북에서 어떻게 다를까?

북한	한국
개나리꽃나무	개나리
검정대	오죽
납판나무	히어리
노가지나무	노간주나무
담장이덩굴	담쟁이덩굴
돌머루	개머루
말다래나무	개다래나무
매화나무	매실나무
방울나무	버즘나무
산배나무	돌배나무
세잎소나무	리기다소나무
수삼나무	메타세쿼이아
푸른나무	사철나무

늘 푸른 나뭇잎처럼 변함없어라

소나무

　소나무는 우리 민족을 대표할 만한 나무인데요, 조선시대에 들어와서는 선비정신을 나타내는 나무로 사랑받아 왔습니다. 늘 푸른 나뭇잎은 변하지 않는 선비의 지조와 충절을 나타내기에 충분했으니까요.

　우리나라 나무 가운데 개체수가 가장 많은 것이 바로 소나무입니다. 소나무는 중국에는 자라지 않고 우리나라와 일본에만 자랍니다. 우리나라에서는 제주도부터 황해도까지 거의 모든 지역에서 자라지요.
　소나무는 솔, 적송, 육송이라고도 불립니다. 예로부터 그림과 예술 작품에 자주 등장하는 소나무는 바위 곁에서 구불구불하게 자라는 나무로 그려졌습니다.
　그러나 사실 소나무는 구불구불하게 자라는 나무가 아닙니다. 양지바른 곳이면 잘 자라기 때문에 바위산에서는 그런 형태로 자랄 수도 있지만 보통은 곧게 자란다고 볼 수 있지요. 뭐 구불구불하게 그리면 멋지긴 하겠지만 말이에요.
　소나무는 예로부터 대궐을 짓는 데 사용되던 나무였습니다. 최고 재질의 소나무를 황장목이라 하고 황장목을 키우는 산을 황장봉산이라 하여 전국에 지정했을 정도니까요. 치악산에는 황장금표가 있는데, 황장목을 아무나 베서는 안 된다는 것을 돌에 새겨 둔 것입니다. 이런 훌륭한 나무를 두고 몇 년 전 경복궁을 수리할 때 외국에서 수입한 소나무를 사용하는 바람에 논란이 많았답니다.

소나무

- ●●● 학명 : *Pinus densiflora* Siebold & Zucc.
- ●●● 과명 : 소나무과
- ●●● 형태 : 상록침엽의 큰키나무
- ● 생식기관 : 5월에 밑씨솔방울과 꽃가루솔방울이 한 나무에 따로따로 달린다. 가지 끝에 2~3개의 자주색 밑씨솔방울이 달리며 그 아래에 많은 꽃가루솔방울이 달린다.
- ●●● 열매 : 구과로, 다음 해 9월에 완전히 익고 씨에는 날개가 있다.
- ●●● 잎 : 바늘잎으로 2개씩 모여난다. 밑 부분에 비늘이 있고 2년 뒤에 떨어진다.
- ●● 원산지 : 한국

소나무과에 속하는 백송은 중국 원산인데 옛날, 대감집 앞마당에 심어 집안을 과시하는 수단으로 기르기도 했습니다. 백송 가운데는 천연기념물들이 많은데, 그 가운데 서울 조계사 백송은 천연기념물 제9호로 나이가 약 500살이나 된답니다.

소나무는 겉씨식물입니다. 엄밀히 이야기하면 꽃 피는 식물이 아니라는 얘기지요. 따라서, 소나무의 암꽃, 수꽃이라 하는 것은 옳지 않지요. 암꽃 대신에 밑씨솔방울이나 암솔방울, 수꽃 대신에 꽃가루솔방울이나 수솔방울이라 부르는 게 옳지요.

그러면 송홧가루는 어떻게 된 것일까요? 흔히 송홧가루를 소나무의 꽃이라고 알고 있지만 이는 사실 꽃이 아니라 꽃가루입니다. 전자현미경으로 자세히 관찰해 보면 꽃가루에 있는 공기주머니를 발견할 수 있는데, 그 때문에 바람을 따라 날아다닐 수 있는 것이지요.

봄이면 송홧가루가 바람에 날려 마치 산 여기저기서 작은 화산이 폭발하는 것 같은 이색적인 광경이 펼쳐지기도 합니다. 송홧가루로 우리 조상들은 다식을 해 먹었고, 가난하던 시절 소나무 껍질이나 새순으로 끼니를 때우기도 했답니다.

소나무의 열매가 솔방울인데, 5월에 열리고 열매는 다음 해에 익습니다. 2년에 걸쳐서 솔방울 속의 씨앗이 점점 커지고 나중에 열매가 익어서 벌어집니다. 씨에는 날개가 달려 있어 멀리 떨어진 소나무에게로 날아갈 수 있지요.

솔잎으로 끓인 차는 피로를 풀어 주고, 소나무가 다쳤을 때 분비되는 송진은 살균력이 강해 염증을 치료하는 데 효과가 좋습니다.

소나무와 공생하는 송이버섯의 향은 그야말로 아름답고 오묘하여 귀하고 값비싼 대접을 받고 있지요. 소나무와 함께 사는 버섯 중에 복령이 있는데요, 복령은 죽은 소나무 뿌리에서 자랍니다. 복령을 채취하러 다니는 사람들은 쇠꼬챙이 두 개로 땅을 찌르고 다닙니다. 예전에 이들을 따라 복령을 채취해 본 적이 있는데 진짜 재미있는 경험이었습니다. 큰 복령은 어른 머리보다 더 크고, 얇게 썬 복령은 한약 재료로도 쓰입니다.

소나무와 비슷하게 생긴 나무 가운데 해송이 있는데, 해송은 바닷가에만 자랍니다. 소나무는 나이가 들고 커지면 껍질이 벗겨지면서 붉은빛을 띠는데, 해송은 붉은빛을 띠지 않습니다. 바닷가에서는 바람을 막기 위해 숲을 만들기도 하는데요, 이를 방풍림이라 합니다. 주로 방풍림은 해송을 심어 가꾸는데요, 이는 어부림이라고도 불립니다. 어촌에서 해송을 심으면 마을 앞바다에 고기가 많이 모인다고 해서 붙여진 이름이지요.

소나무 잎, 리기다소나무 잎, 잣나무 잎을 어떻게 구별할까?

소나무 잎, 리기다소나무 잎, 잣나무 잎은 얼핏 보면 비슷해서 구별하기가 힘듭니다. 모두 잎이 바늘 모양으로 그 나무가 그 나무 같아 비슷해 보이지만 자세히 들여다보면 다릅니다.
소나무는 잎이 2개씩, 리기다소나무는 3개씩, 잣나무는 5개씩 묶음으로 달립니다.

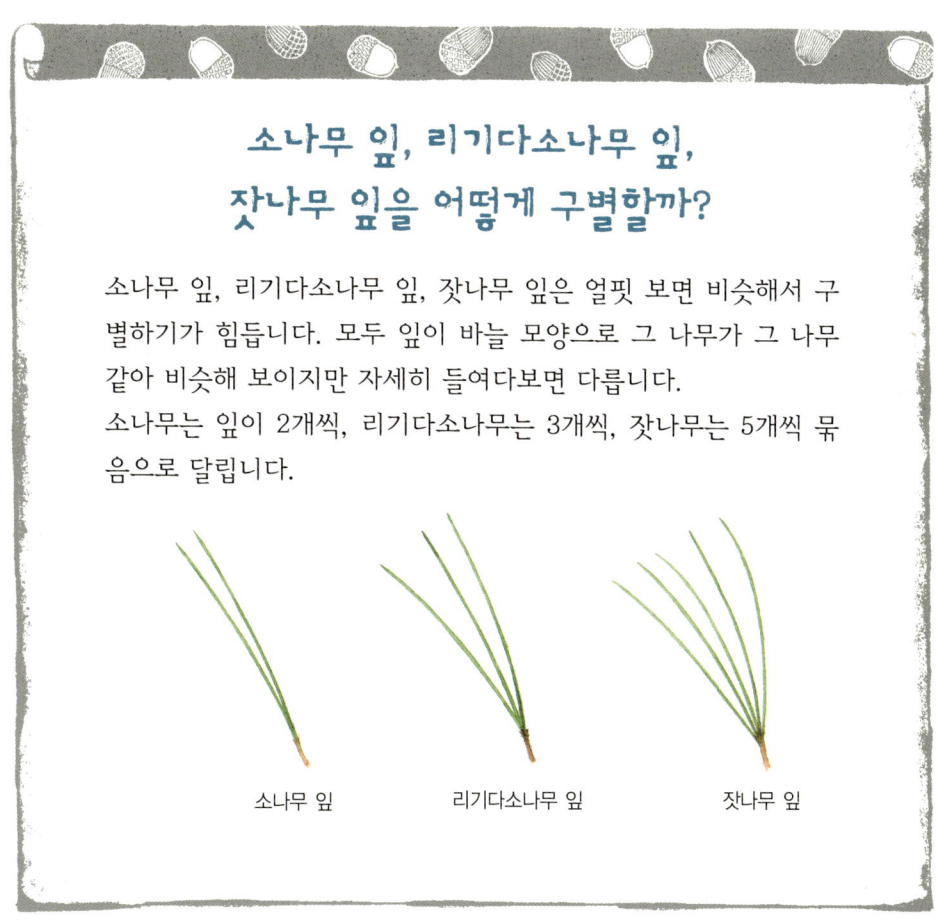

소나무 잎   리기다소나무 잎   잣나무 잎

개나리 노란 꽃 그늘 아래

개나리

 개나리는 진달래와 함께 봄꽃을 대표합니다. 그래서 겨울 기운이 느껴지는 초봄이면 늘 노란 개나리를 기다리게 됩니다. 노랗고 신선한 빛깔은 동심을 자극하여 동요나 동시에도 자주 등장하는 인기 있는 꽃이기도 합니다.

 물푸레나무과에 속하는 개나리는 어디서나 잘 자라는 강인한 습성 때문에 시골, 도시, 어느 곳에서나 흔히 볼 수 있습니다. 샛노란 봄날의 개나리꽃은 산기슭이나 높은 담장이 있는 도시의 언덕, 냇가에서도 흐드러지게 피어 사람들의 발길을 사로잡고 봄을 한껏 느끼게 해 줍니다.

 개나리는 우리나라에만 자라는 우리 고유의 특산식물입니다. 그러나 저절로 자라는 자생지는 발견되지 않고 있습니다. 민가 가까운 데 살면서 번식이 잘 돼 자생지 자체가 없어졌을 것이라고 추측되고 있습니다.

 개나리는 잎 지는 떨기나무에 속하며 키가 3미터 정도 자랍니다. 그러나 높은 축대 위에 심은 개나리는 훨씬 더 길게 늘어져 자라기도 합니다. 줄기는 처음에는 녹색이지만 점차 회갈색으로 변합니다.

 개나리는 진달래, 목련, 산수유나무 같은 봄꽃처럼 잎보다 꽃이 먼저 핍니다. 꽃이 질 즈음에 연둣빛 싹이 나고 곧 초록색 옷으로 갈아입습니다. 잎은 타원 모양으로 마주납니다.

 개나리는 암꽃과 수꽃이 따로 있는데, 수술이 암술보다 긴 꽃이

개나리

- ● ● 학명 : *Forsythia koreana* (Rehder) Nakai
- ● ● 과명 : 물푸레나무과
- ● ● 형태 : 낙엽활엽의 떨기나무
- ● ● ● 꽃 : 4월에 노란색 꽃이 잎겨드랑이에 1~3개씩 달린다.
- ● ● 열매 : 달걀 모양이며 조금 납작하고 9월에 갈색으로 익는다.
- ● ● ● 잎 : 마주나기하며, 달걀 모양 또는 둥근 타원 모양으로 중앙부 또는 중앙 하단부가 가장 넓으며 중앙 상단부에 톱니가 있거나 밋밋하다.
- ● 원산지 : 한국(특산식물)

수꽃이며, 짧은 꽃이 암꽃입니다. 암꽃과 수꽃이 각각 다른 나무에 피는데, 수꽃이 핀 나무가 좀 더 화려합니다. 꺾꽂이를 통해 꽃이 화려한 수나무만을 생산하기 때문에 열매가 달린 암나무는 찾아보기 어려워서 개나리는 열매가 달리지 않는 나무로 착각하는 경우도 있습니다.

개나리의 종류를 살펴보면 외국에서 들어온 것으로 의성개나리와 미국개나리가 있고, 우리나라 자생 개나리 종류로는 개나리 외에 산개나리, 만리화, 장수만리화 등이 있습니다.

흔하고 익숙해서 지나치지 쉬운 꽃이지만 해마다 개나리가 기다려지고 봄마다 더욱 새롭게 느껴지는 건 왜일까요?

만리화와 산개나리

만리화 물푸레나무과의 낙엽활엽 떨기나무로, 봄에 노란 꽃이 잎보다 먼저 피며 열매는 9월에 익습니다. 개나리와 비슷하게 생겼지만 잎이 훨씬 넓적합니다. 열매는 약재로 쓰며 관상용으로 심습니다. 한국 특산종으로 경상북도·강원도·황해도에 드물게 분포합니다.

산개나리 물푸레나무과에 속하는 낙엽 떨기나무입니다. 우리나라 특산식물이며 희귀 식물이기도 하지요. 북한산, 관악산 등 중부 이남의 산에 아주 드물게 자생하는데, 임실면의 산개나리 자생지는 천연기념물로 지정되어 있습니다. 개나리보다 꽃이 가늘고 다 피어도 꽃잎이 뒤로 젖혀지지 않으며 잎자루에 털이 있다는 것이 개나리와 다른 점입니다.

나무 박사님이 들려주는 나무 이야기

나무일까? 풀일까?

나무 박사님 ▶ 나무와 풀의 차이는 뭘까? 나무를 보려면 우러러봐야 하고, 풀을 보려면 무릎을 굽히고 고개를 숙여야 한다는 거라고? 지금부터 나무와 풀의 차이를 함께 알아보자꾸나.

나무와 풀의 가장 큰 차이는 나무는 부피 생장을 하고 풀은 하지 않는다는 점이야. 나무는 줄기에 부름켜(형성층)가 있어 부피 생장을 하기 때문에 나무의 줄기가 점점 굵어지고 나이테도 생긴단다.

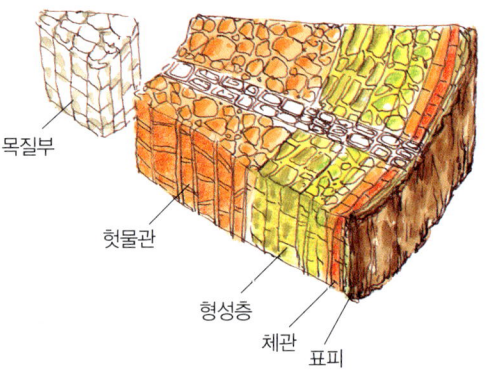

목질부
헛물관
형성층
체관
표피

줄기의 부피 생장은 겉씨식물과 쌍떡잎식물에서만 볼 수 있는 현상이란다. 물론 쌍떡잎식물이라고 해서 모두 부피 생장을 하는 것은 아니고 쌍떡잎식물 중에서 나무들만이 부피 생장을 하지.

버즘나무   봉숭아   소나무

홀떡잎식물은 부피 생장을 하지 않으므로 모두 풀이란다. 따라서 홀떡잎식물인 벼과에 속하는 대나무 종류들은 풀인 셈이지. 돌매화나무는 키가 15센티미터밖에 되지 않는 작은 나무라, 풀이라 생각하기 쉽지만 나무란다.

대나무

돌매화나무

풀은 키가 작으며 땅 위의 줄기는 대부분 겨울이 되면 말라 없어지지. 나무는 이와 달리 완전히 자라면 보통은 키가 크고 땅 위의 줄기는 여러 해 동안 죽지 않고 부피 생장을 하며 자란단다.

나무는 키가 큰 키나무(교목), 키가 작은 떨기나무(관목), 덩굴로 자라는 덩굴나무 등으로 구분한단다. 풀은 식물체의 뿌리가 살아 있는 기간에 따라 한해살이풀, 두해살이풀, 여러해살이풀로 구분할 수 있어.

교목   관목   덩굴나무   한해살이풀
두해살이풀
여러해살이풀

나도 미래의 나무 박사

모과나무야, 모과나무야!

모과를 닮았다고 하면 별로 기분 좋아할 사람은 없을 거예요. 길쭉하고 둥근 모양에 울퉁불퉁한 표면이 그리 예뻐 보이지는 않거든요. 그러나 못생겨도 맛은 좋아! 바로 모과나무 열매를 두고 한 말이 아닐까요? 모과나무 열매는 그야말로 팔방미인이거든요. 샛노랗게 잘 익은 열매를 잘게 잘라 켜켜이 설탕을 재워 두면 겨울 내내 기침과 가래에 좋은 향긋한 모과차를 즐길 수 있으니까요. 또 모과나무는 나무의 결과 모양이 좋고 단단해서 목재로도 쓰인답니다.

모과차 만들기

준비물 모과 흑설탕 병

1 모과를 깨끗이 씻어요.

2 씻은 모과를 얇게 채썰기로 썰어 둡니다.

3 채썬 모과 사이에 흑설탕을 켜켜이 넣어 재워 두세요.

4 밀봉하여 서늘한 곳에 보관하세요.

5 노란 즙이 우러나기 시작하면 차를 끓여 먹습니다.

모과나무 키우기

1 봄에 딱딱한 모과씨 몇 개를 구해 상처를 낸 후 작은 화분에 묻습니다. 상처를 내는 이유는 씨가 딱딱하기 때문에 싹을 잘 트게 하기 위해서이지요.

2 싹이 트기를 기다리며 햇빛이 잘 드는 양지바른 곳에 두면 며칠 후 싹이 틉니다.

3 싹은 비교적 잘 자라므로 작은 나무로 자랄 때까지 일주일에 한 번쯤 마르지 않게 물을 흠뻑 줘야 해요.

4 모과나무가 2개월쯤 자라 8~10센티미터 정도 되면 분갈이를 해 줍니다. 화분 바닥에 있는 구멍을 작은 돌멩이나 플라스틱 조각으로 메운 후 흙을 채우고 물을 주세요.

5 모과나무가 자랄수록 그 크기에 맞게 분갈이를 해야 해요.

6 2년 이상 화분에 기르다가 모과나무가 충분히 자랐을 때 정원에 옮겨 심어요.

✽ 모과나무는 무엇보다 햇빛이 잘 드는 양지바른 곳을 좋아해요. 또 봄, 여름, 가을에는 비료를 주어야 한답니다.

5장

쓰임새 많은 고마운 나무들

곧게 자라 튼튼한 기둥으로 서거라

건축재로 쓰이는 나무들

혹시 경복궁에 가 본 적이 있나요? 경복궁 안에 들어가 보면 옛 임금과 신하들이 살던 많은 집들이 있습니다. 그런데 이 집들은 모두 나무로 지어졌지요. 지금은 집을 지을 때 벽돌이나 콘크리트로 짓지만, 이런 재료들이 없던 옛날에는 나무가 매우 중요한 재료였답니다.

그렇다고 해서 지금 나무가 건축에 쓰이지 않는 것은 아닙니다. 요즘 친환경 소재가 관심을 끌면서 나무로 된 건축 자재들이 여기저기에 쓰이고 있지요. 그러고 보면 나무는 예나 지금이나 집을 짓는 데 중요한 재료가 되고 있는 셈입니다.

건축재로 쓰이는 나무들은 곧은 줄기를 가지고 있어야 하며, 나쁜 환경에도 잘 견디고 잘 썩지 않는 강한 재질이어야 합니다. 또한 우리 주변에서 쉽게 구할 수 있는 것이 좋지요. 그래서 우리나라에서는 소나무, 굴참나무, 느티나무와 같은 나무들이 건축재로 많이 쓰입니다.

소나무는 우리나라 삼림에서 가장 넓은 면적을 차지했던 나무입니다. 그래서 우리 조상들은 소나무를 사용해서 집을 많이 지었습니다. 그렇다고 해서 모든 소나무를 집 짓는 데 사용하지는 않았습니다. 옛날 그림이나 우리 주변에 보이는 꾸불꾸불하게 휜 소나무들은 잘 사용하지 않았지요.

소나무의 종류는 전 세계적으로 90여 가지가 있으며, 우리나라에 저절로 자라는 소나무속 식물은 잣나무, 소나무, 섬잣나무, 눈

굴참나무

- 학명 : *Quercus variabilis* Blume
- 과명 : 참나무과
- 형태 : 낙엽활엽의 큰키나무
- 꽃 : 암·수꽃이 한 나무에 달리며, 5월에 새가지에 잎과 함께 핀다.
- 열매 : 둥근 모양의 견과. 깍정이에 싸여 있으며 다음 해 10월에 익는다.
- 잎 : 긴 타원 모양이며, 어긋나기로 달리고 바늘 모양 톱니가 있다.
- 원산지 : 한국

잣나무, 만주흑송, 해송 등 6종류가 있습니다. 이 가운데 건축재로는 소나무를 주로 쓰는데 소나무 중에서도 금강소나무가 가장 많이 사용되었습니다. 소나무의 한 품종으로 분류하는 금강소나무는 키가 크고 줄기가 곧으며, 목재의 질이 우수하고 잘 썩지 않아 건축재로 안성맞춤이었지요.

소나무 외에 굴참나무도 건축재로 많이 쓰이는데요, 굴참나무는 참나무의 한 종류로 생명력이 강해 물이 부족한 곳에서도 잘 자랍니다. 굴참나무 껍질도 건축재로 이용되었는데, 강원도 시골의 화전민들이 굴참나무의 껍질을 벗겨서 지붕을 이어 집을 만들기도 했습니다. 이러한 집을 '굴참나무의 껍질로 만든 집'이라는 뜻으로 굴피집이라 부른답니다.

이 껍질은 매우 가벼우면서도 수명이 길어 한 번 지붕을 만들면 20년 이상을 갑니다. 또한 비가 오거나 습할 때는 나무 껍질의 부피가 늘어나 비나 습기를 잘 막아 주었다고 하며 굴참나무 껍질의 코르크는 우리가 흔히 술병의 마개로 사용하는 코르크 마개 등을 만드는 데 쓰이기도 합니다.

그 밖에도 우리 주변에서 흔히 볼 수 있는 느티나무 등이 건축용 재료로 사랑받고 있습니다. 느티나무는 원래 산기슭이나 계곡의 돌이 많은 곳에서 저절로 자라는 나무입니다. 옛날에는 절이나 마을에 팽나무 등과 함께 이 나무를 심어 정자나무로 사용하기도 했습니다. 느티나무는 나뭇결이 아름답고 단단하기로 유명해서 건축 자재뿐만 아니라 조각, 가구, 악기 등을 만들 때도 널리 이용되고 있습니다.

취산꽃차례 꽃대의 끝에 한 송이 꽃이 피고 다시 꽃대가 갈라져 꽃이 계속 피는 꽃차례.

느티나무

- 학명 : *Zelkova serrata* (Thunb.) Makino
- 과명 : 느릅나무과
- 형태 : 낙엽활엽의 큰키나무
- 꽃 : 암꽃과 수꽃이 한 나무에 달리고 5월에 취산꽃차례를 이루어 핀다.
- 열매 : 핵과. 일그러진 납작한 공 모양이며 10월에 익는다.
- 잎 : 어긋나기하며 긴 타원 모양 또는 달걀 모양이다. 표면이 거칠며 끝이 뾰족하다. 잎 가장자리에 톱니가 있다.
- 원산지 : 한국

열매 달여 먹고 배앓이 멎어라

약용으로 쓰이는 나무들

 누구나 몸이 아프면 병원에 가서 진찰을 받고 약을 처방해서 먹습니다. 옛날 사람들도 몸이 아프거나 허약할 때 약을 지어서 먹곤 했겠죠? 지금은 알약이나 가루약, 물약이 있어서 간단하게 먹곤 하지만, 옛날에는 병원이 많지도 않았고 약재도 구하기 힘들어서 주변에 자라는 나무의 열매나 뿌리, 껍질 등을 달여 먹곤 했지요.

 그렇다고 해서 아무 나무나 다 먹지는 않았겠죠? 우리 주변의 어떤 나무들은 특정한 병에 굉장한 효력을 발휘하는 성분을 지닌 것들이 있습니다. 옛 조상들은 이를 잘 알고 있었기 때문에 아픈 곳이 있으면 그것에 좋은 나무를 찾아서 약재로 사용하곤 했지요.
 약용으로 쓰이는 나무들은 꽤 많은데, 그 가운데 대표적인 것을 들자면 오미자, 가시오갈피나무 등을 들 수 있습니다.
 오미자는 산골짜기에서 주로 자랍니다. 줄기는 갈색이며, 다른 나무나 물체를 기어 올라가는 성질이 있어 덩굴식물에 속합니다.
 오미자는 5월경에 꽃이 피며 꽃은 약간 붉은색이 도는 황백색입니다. 10월경에는 오미자의 열매가 익는데, 열매에 신맛, 단맛, 쓴맛, 짠맛, 매운맛의 다섯 가지 맛이 섞여 있다 하여 '오미자(五味子)'라 이름 붙여졌다 합니다. 다섯가지 맛들 가운데 신맛이 가장 강합니다.
 오미자는 예로부터 폐의 기능을 활성화시켜 준다고 여겨져 왔습니다. 그래서 기침, 천식이나 가래 해소에 큰 효과가 있다고 전

오미자

- ● ● 학명 : *Schisandra chinensis* (Turcz.) Baill.
- ● ● 과명 : 오미자과
- ● ● 형태 : 낙엽활엽의 덩굴나무
- ● ● 꽃 : 암·수꽃이 다른 나무에 달리며, 6~7월에 약간 붉은빛이 도는 연한 노란색으로 핀다.
- ● ● 열매 : 8~9월에 빨갛게 익으며 둥글고 포도송이처럼 모여 달린다.
- ● ● 잎 : 어긋나기하며 넓은 타원 모양으로 끝이 뾰족하다. 뒷면 잎맥 위에만 털이 있다. 가장자리에 작은 이빨 모양의 톱니가 있다.
- ● 원산지 : 한국

열매

해집니다. 또한 혈액 순환을 개선해 주고 혈압을 내려 주기도 하지요. 오미자의 신맛은 위액의 분비를 조절하여 위궤양이 있는 사람들에게 특히 좋고 머리를 맑게 하는 기능이 있어 졸음을 쫓고 기억력을 향상시켜 줍니다.

그러나 무엇보다도 뛰어난 약효를 보이는 나무는 가시오갈피나무지요. 가시오갈피나무는 우리나라가 원산지로 그 약효가 우리나라는 물론 세계에서도 인정받는 식물입니다.

제주도를 제외한 전국에 자생하고 있는 가시오갈피나무는 키가 2~3미터 정도이며 잎이 손바닥 모양으로 갈라져 마치 산삼의 잎과 비슷하게 생겼습니다. 가시오갈피나무는 온몸이 약재인 귀한 나무로 뿌리껍질과 줄기껍질을 약재로 쓰며, 어린잎은 나물로 먹기도 합니다.

그러나 안타깝게도 가시오갈피나무가 몸에 좋다고 알려지자 마구 남획되어 요즘은 환경부가 멸종위기식물로 지정해서 보호하는 지경에 이르렀습니다. 현재 우리나라에서는 거의 멸종 단계에 있고, 북한의 백두산 부근에서는 아직 흔하게 볼 수 있습니다.

다행히 최근에 가시오갈피나무의 인공재배법이 개발되어 약용식물로 재배되고 있답니다. 가시오갈피나무는 허약 체질이나, 무기력 증상, 신경쇠약, 관절염 등에 매우 큰 효과가 있으며, 인삼과 더불어 몸의 전반적인 기운을 북돋아 주는 약으로 인정받고 있습니다.

가시오갈피나무의 어린 줄기에는 바늘 같은 가시가 뾰족뾰족 솟아 있다.

가시오갈피나무

- ●● 학명 : *Eleutherococcus senticosus* (Rupr. & Maxim.) Maxim.
- ●● 과명 : 두릅나무과
- ●● 형태 : 낙엽활엽의 떨기나무
- ●●● 꽃 : 6~7월에 주황색 꽃이 가지 끝에 산형꽃차례로 달린다.
- ●● 열매 : 타원 모양의 장과. 10월에 짙은 자주색으로 익는다.
- ●●● 잎 : 손바닥 모양 겹잎으로 어긋나기하고 넓은 타원 모양의 작은 잎이 3~5장씩 붙는다. 가장자리에 톱니가 있다.
- ● 원산지 : 한국

네 몸에 예술가의 정신을 담아라

생활 용품 및 공예에 쓰이는 나무들

여러분들은 지금 나무로 만든 책상 위에서 글을 읽고 있을지도 모르겠습니다. 우리 주변에는 책꽂이, 의자, 그리고 공책이나 종이 등 나무를 가공해서 만든 물건들이 정말 많습니다. 실제로 나무는 여러 가지 생활 용품을 만드는 데 쓰이고 있지요.

앞서 종이 얘기를 잠깐 했지만, 무엇으로 만들었는지 아리송한 것들도 알고 보면 나무로 만든 것이 많답니다. 그럼, 생활 용품을 만드는 데 대표적으로 많이 쓰이는 닥나무와 향나무에 대해 알아볼까요?

닥나무는 뽕나무의 사촌쯤 되는 식물로, 키가 2~5미터 정도인 떨기나무입니다. 꽃은 5월에 피고 열매는 6월에서 7월쯤 빨갛게 익는데, 이는 '저실' 또는 '구수자'라 해서 한약재로 쓰이고 있습니다. 또한 어린잎은 나물로 무쳐 먹기도 하지요. 그러나 무엇보다도 닥나무는 종이의 원료로 잘 알려져 있습니다.

닥나무 껍질을 벗겨서 종이를 만드는데, 닥나무 껍질은 섬유가 길고 질겨서 질 좋은 종이를 만들 수가 있답니다. 질긴 껍질을 옛사람들은 '닥'이라 불렀는데, 닥나무에서 질 좋은 '닥'을 많이 얻을 수 있어 닥나무라는 이름이 붙었다 합니다. 지금은 펄프에 화학 처리를 해서 종이를 만들지만, 요즘도 질 좋은 한지를 만들기 위해서는 닥나무가 꼭 필요합니다.

그 밖에 종이를 만들 수 있는 나무로는 꾸지나무, 삼지닥나무, 산닥나무 등이 있습니다. 그런데 사실 꾸지나무를 제외하면 삼지

닥나무

- **학명** : *Broussonetia kazinoki* Siebold
- **과명** : 뽕나무과
- **형태** : 낙엽활엽의 떨기나무
- **꽃** : 암·수꽃이 한 나무에 달리며, 봄에 잎과 같이 핀다.
- **열매** : 둥근 모양의 핵과. 10월에 붉은빛으로 익는다.
- **잎** : 어긋나기하고, 달걀 모양 또는 긴 달걀 모양이다. 끝이 길고 뾰족하며 밑은 둥글다. 가장자리에는 톱니가 있다.
- **원산지** : 한국

닥나무와 산닥나무는 닥나무와 전혀 다른 식물입니다. 다만, 껍질을 가지고 종이를 만들기 때문에 닥나무라는 이름이 붙여진 것이지요. 특히 삼지닥나무는 최상급의 한지를 만드는 재료로 쓰인다고 합니다.

그러나 무엇보다도 생활 용품이나 공예에 많이 쓰이는 나무는 향나무입니다. 향나무는 아름다운 적갈색이고 향이 있어서 매우 귀중한 목재로 취급되며, 다양한 재료로 쓰입니다. 제사를 지낼 때 피우는 향을 만드는 재료로 쓰이며, 조각이나 가구를 만드는 데도 사용되지요. 또한 약재로도 쓰이며 정원에 관상용으로 심기도 합니다.

잎은 뾰족한 바늘잎과 마름모꼴의 비늘잎이 달리는데, 어릴 때는 바늘잎만 달리지만 7~8년이 되면 바늘잎과 함께 비늘잎이 자랍니다.

향나무는 전국에서 자라지만 자연적으로 모여 군락을 이룬 곳이 거의 없어 군락지를 천연기념물로 지정해 관리하고 있습니다. 지금까지는 울릉도에서만 자생하는 것으로 알려졌으나, 최근 동강에서 자생지가 새로 발견되었습니다. 이 때문에 새로 계획하고 있었던 동강댐을 짓지 않게 되기도 했지요.

지구온난화에 취약한 곱향나무

향나무와 비슷한 나무로는 설악산과 한라산 등 고산 지역에 자라는 눈향나무, 백두산에 자라는 곱향나무, 바닷가 또는 섬에 자라는 섬향나무 등을 들 수 있습니다. 그러나 이들은 척박한 환경을 이기고 자라나야 하기 때문에 향나무에 비해 모두 키가 작습니다.

실편 구과(솔방울)를 이루고 있는 비늘 모양의 조각.

향나무

- ●●●학명 : *Juniperus chinensis* L.
- ●●●과명 : 측백나무과
- ●●●형태 : 상록침엽의 큰키나무 또는 작은키나무
- ●생식기관 : 꽃가루솔방울과 밑씨솔방울이 서로 다른 나무에 달리는 암수딴그루. 4월에 발달한다.
- ●●●열매 : 이듬해 10월에 익는다. 동그랗고 실편이 서로 붙어 있다.
- ●●●●잎 : 짧고 끝이 날카로운 바늘잎과 부드러운 비늘잎이 있다. 돌려나기 또는 마주나기하고 짙은 초록빛이다.
- ●●원산지 : 한국

열매

참 곱구나, 자연을 닮은 어여쁜 빛깔

염료로 쓰이는 나무들

　우리 주변의 자연을 살펴보면 참으로 어여쁜 색이 조화를 이루고 있다는 생각이 듭니다. 파란 하늘, 초록 잎이 싱그러운 나무, 노랑 꽃, 분홍 꽃, 빨강 열매……. 자연을 닮은 색을 우리 주변에 곱게 입힌다면 세상 모든 사람들이 자연과 함께 어울리며 순수하고 투명한 마음을 갖게 되지 않을까요?

　우리 주위에는 종이나 옷감에 다양한 색깔을 물들이는 데 사용되는 나무들이 있습니다. 나무의 꽃이나 열매, 가지에서 우려낸 색소는 천연 염색의 귀한 염료로 사용되지요. 우리나라에는 염료용으로 쓰이는 여러 종류의 나무들이 있습니다. 그 가운데 치자나무에 대해 살펴볼까요?

　치자나무의 열매는 노란빛을 내는 치자 염색의 원료로 쓰입니다. 치자나무는 6~7월에 흰색의 아름다운 꽃이 피며 향기가 매우 강합니다. 잎은 상록성이며 키가 1~2미터인 떨기나무입니다. 일본, 대만, 중국, 인도차이나 원산으로 남부 지방에서 들여다 심고 있는 나무지요. 열매는 염료용, 약용으로 모두 쓰이며, 9월에 붉은빛이 도는 황색으로 익습니다.

　치자나무는 열매가 염료로 사용되지만 물푸레나무는 가지로 물을 들입니다. 물푸레나무라는 이름도 가지에서 나오는 색깔 때문에 붙여진 것입니다. 물푸레나무의 가지를 꺾어서 물에 풀면 물이 파래지므로 '물푸레나무'라는 예쁜 우리말 이름을 얻게 된 것이지요.

치자나무
- ●●● 학명 : *Gardenia jasminoides* Ellis
- ●●● 과명 : 꼭두서니과
- ●●● 형태 : 상록활엽의 떨기나무
- ●●● 꽃 : 암술과 수술이 함께 달리는 양성꽃이고, 6월에 하얀 꽃이 피며, 짙은 향기가 있다.
- ●●● 열매 : 달걀을 거꾸로 세운 모양이며 9월에 붉은빛이 도는 황색으로 익는다. 6개의 뾰족한 모서리와 함께 위에 꽃받침이 남아 있으며 익어도 갈라지지 않는다.
- ●●● 잎 : 마주나기한다. 긴 타원 모양으로 잎자루가 짧다. 표면에 윤기가 있으며 가장자리는 밋밋하다.
- ● 원산지 : 중국

열매

물푸레나무는 키가 10~15미터로 자라는 큰키나무입니다. 전국에 분포하며 만주와 중국에서도 자랍니다. 줄기는 삽자루, 괭이자루 등을 만드는 재료로 이용되고 나무껍질은 약용으로 쓰입니다.

줄기에는 알록달록한 무늬가, 열매에는 날개가 있습니다. 잎은 깃꼴이고 작은 잎 5~7장으로 이루어진 겹잎이며, 겹잎 가운데 끝에 있는 것이 가장 큽니다. 꽃은 5월에 피지요.

물푸레나무를 태운 재도 귀한 염료로 쓰였답니다. 옛날 수도승들은 물푸레나무 태운 재를 물에 풀어 옷을 염색했습니다. 물푸레나무 잿물로 물들인 옷은 파르스름한 잿빛인데다 잘 바래지 않아서 승려복으로서는 최상품이었다고 합니다.

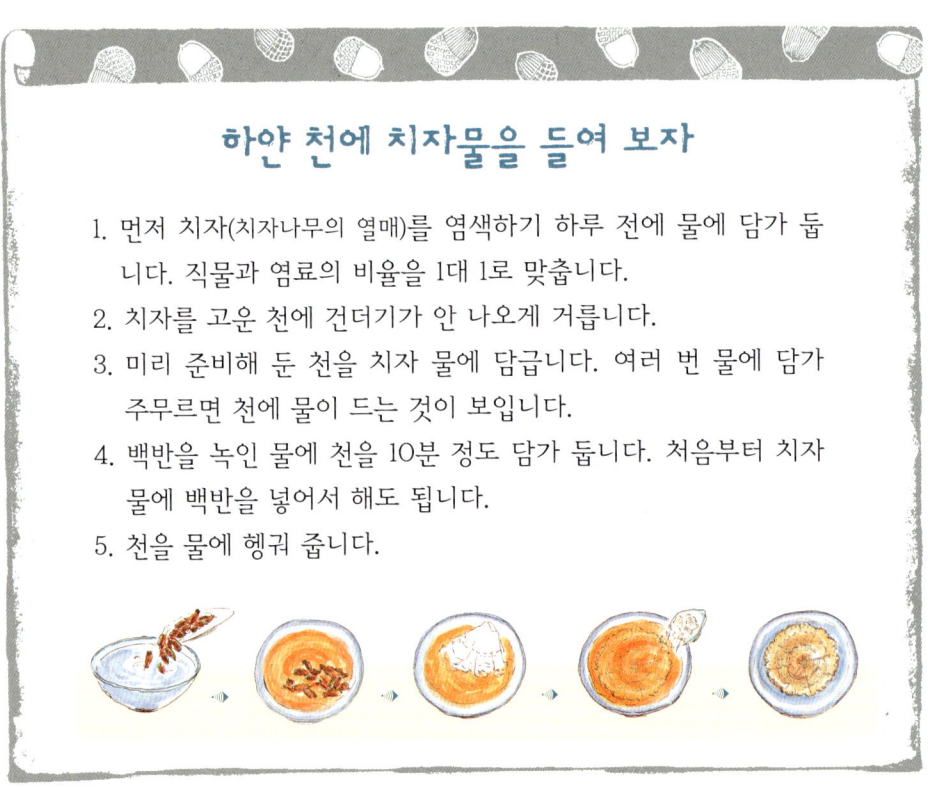

하얀 천에 치자물을 들여 보자

1. 먼저 치자(치자나무의 열매)를 염색하기 하루 전에 물에 담가 둡니다. 직물과 염료의 비율을 1대 1로 맞춥니다.
2. 치자를 고운 천에 건더기가 안 나오게 거릅니다.
3. 미리 준비해 둔 천을 치자 물에 담급니다. 여러 번 물에 담가 주무르면 천에 물이 드는 것이 보입니다.
4. 백반을 녹인 물에 천을 10분 정도 담가 둡니다. 처음부터 치자 물에 백반을 넣어서 해도 됩니다.
5. 천을 물에 헹궈 줍니다.

시과 열매껍질 또는 열매껍질의 일부가 발달하여 날개 모양을 하고 있는 열매.

물푸레나무

- • • 학명 : *Fraxinus rhynchophylla* Hance
- • • 과명 : 물푸레나무과
- • • 형태 : 낙엽활엽의 큰키나무
- • • • 꽃 : 암·수꽃이 다른 나무에 달리나, 때로는 양성꽃이 암나무나 수나무에 함께 달리기도 한다. 5월에 새가지 끝에서 핀다.
- • • 열매 : 시과로 9월에 익는다.
- • • • 잎 : 마주나기하고, 5~7장의 작은 잎으로 이루어진 깃꼴겹잎이다.
- • 원산지 : 한국

아름다운 풍경에 마음이 쉬어 가네

관상용으로 쓰이는 나무들

　나무의 모양이나 잎의 색깔, 또는 꽃이 특히 아름다워서 정원이나 공원에 심어 가꾸는 관상용 나무들이 있습니다. 이런 나무들이 아름다운 모습을 뽐내며 꽃을 피우거나 잎을 틔우면 사람들은 그런 모습을 보면서 복잡해진 머리를 식히고 잠시나마 마음의 여유를 선물받지요.

　요즘은 아파트를 지을 때도 환경을 고려해서 주변에 아름답고 싱그러운 공원도 함께 만듭니다. 도시가 점점 오염되고 복잡해짐에 따라 마음이 쉬어 갈 푸른 공간이 필요한 것이지요. 도시에서 사랑받는 여러 나무들 중에 먼저 주목을 주목해 볼까요?
　주목은 높은 산에 자라는 상록 침엽수로 북쪽에 고향을 둔 북방계 식물입니다. 남한에서는 전국에 분포하기는 하지만, 해발 700~2,500미터의 고도가 높은 산꼭대기 같은 데서만 삽니다.
　소백산 정상의 비로봉 가까운 곳에 주목 1,000여 그루가 모여 집단을 이루어 자라고 있습니다. 이렇듯 많은 수가 함께 자라는 주목 군락은 매우 희귀한 현상이므로 천연기념물로 지정하여 보호하고 있습니다.
　줄기가 붉은색을 띠어 '주목'이라는 우리말 이름을 갖게 된 주목은 겉씨식물이며 잎은 2~3년 만에 떨어집니다. 나무의 모양이 아름답고 늘 푸르기 때문에 조경수로 적합하지요. 빨간색의 예쁜 열매는 먹기도 합니다.
　이 나무는 살아서 천 년, 죽어서 천 년이 간다고 할 정도로 오래

주목

- ● ● ● 학명 : *Taxus cuspidata* Siebold & Zucc.
- ● ● ● 과명 : 주목과
- ● ● ● 형태 : 상록침엽의 큰키나무
- ● 생식기관 : 한 나무에 밑씨솔방울과 꽃가루솔방울이 따로 달리며, 4월에 잎겨드랑이에 달린다.
- ● ● ● 열매 : 핵과. 9~10월에 붉게 익으며 열매살 가운데가 비어 있고, 그 곳에 달걀 모양의 씨가 들어 있다.
- ● ● ● 잎 : 끝이 뾰족하고, 표면은 짙은 녹색으로 광택이 나며 뒷면에 연한 노란색 줄이 두 개 있다.
- ● ● 원산지 : 한국

가을 산을 물들인 단풍나무

살고 강인한 나무입니다. 속이 빈 상태로도 오랜 세월을 살아오는 고목들도 있답니다. 목재는 가구용, 건축재, 조각재로도 이용됩니다.

가을 산을 온통 붉고 장엄하게 수놓는 단풍나무는 또 어떤가요? 가을의 절정은 뭐니 뭐니 해도 불타는 듯 곱게 물든 단풍잎이 아닐까 합니다. 산지의 계곡에 자라는 단풍나무는 제주, 전남, 전북, 경남 등 우리나라 남부 지방에서 저절로 자랍니다. 내장산 단풍나무가 아름답기로 가장 유명하지요. 그런데 이런 예쁜 단풍나무는 서울 근교의 산에는 자라지 않습니다. 서울 근교에 있는 것은 당단풍나무로 단풍나무의 형제뻘 되는 나무지요.

단풍나무는 잎이 손바닥 모양으로 5~7갈래로 깊게 갈라지는데, 갈라진 끝이 뾰족합니다. 꽃은 4~5월에 피는데, 수술만 있는 수꽃과, 암술과 수술이 모두 있는 양성꽃이 함께 핍니다.

열매는 9~10월에 익으며 길이가 1센티미터 정도 됩니다. 긴 타원 모양의 날개가 달렸는데 손으로 놀리면 헬리콥터의 프로펠러처럼 팽그르 돌며 하늘을 납니다.

영국의 시인 엘리엇은 4월은 잔인한 달이라고 했지만 목련이 피는 4월이 되면 마음은 셀렙니다. 비가 내리면 한꺼번에 후드득 지는 하얀 목련꽃은 보는 이의 마음을 애잔하게 하지요. 목련은 한라산에 매우 드물게 자라는 나무로 멸종위기 식물이지만 법으로 보호하고 있지는 않습니다. 흔히 인공적으로 증식된 목련을 많이들 심고 있는데, 목련과 비슷하게 생긴 중국 원산의 백목련을 가장 많이 심는답니다.

단풍나무

- ●● 학명 : *Acer palmatum* Thunb. ex Murray
- ●● 과명 : 단풍나무과
- ●● 형태 : 낙엽활엽의 큰키나무
- ●●● 꽃 : 4~5월에 수꽃과 양성꽃이 한 나무에 섞여 피며 검붉은빛이다. 산방꽃차례로 달린다.
- ●● 열매 : 시과로서 9~10월에 붉은색으로 익는다.
- ●●● 잎 : 마주나기한다. 손바닥 모양으로 5~7개로 갈라지며 갈라진 끝은 뾰족하고 가장자리에 톱니가 있다.
- ● 원산지 : 한국

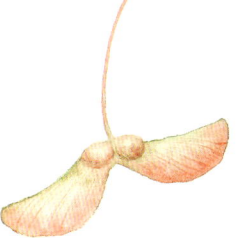

열매

나무박사님이 들려주는 나무 이야기

바닷가에도 나무들이 자란다고?

■ 나무 박사님 ▶ 소금기가 많고 수분이 적은 모래땅에서 살아갈 수 있는 나무들이 있다는 것은 참으로 신기한 일이야.

바닷가에 사는 식물들은 열악한 환경에서 살아남기 위해 오랜 세월에 걸쳐 적응을 해 왔단다. 자신의 세포 속에 소금기가 많이 축적되더라도 살 수 있도록 진화한 것이지. 바닷가 식물들은 세포 속에 소금기가 많이 들어 있기 때문에 주변에서 물을 쉽게 흡수할 수 있어. 이런 현상은 소금을 뿌려 배추를 절일 때 이용되는 삼투압 작용 때문에 가능한 것이란다.

나무 박사님 ▶ 바닷가에 자라는 나무들에 대해 알아볼까?

해송　　　　　황근　　　　　해당화　　　　돌가시나무

바닷가에 자라는 나무들은 태풍이나 해일이 일어나서 바닷물을 흠뻑 뒤집어쓰더라도 죽지 않아. 또한, 세차게 부는 바닷바람에 뿌리가 뽑히지 않도록 납작 엎드려서 자라기도 하지. 잎에 왁스 층이 발달하여 짙푸르고 광택이 나는 것이 있는가 하면, 덩굴나무처럼 땅 위를 기어가듯 자라면서 줄기에서 많은 뿌리를 내리는 것도 있어. 바닷가에 자라는 나무들은 바닷바람을 막아주고, 물고기가 많이 모여들게 하며, 바닷가 모래언덕의 모래와 흙이 유실되는 것을 막아주는 역할을 한단다.

갯기름나물　　갯메꽃　　　모래지치　　　백령풀

섬현삼　　　　수송나물　　　참골무꽃　　　해국(독도)

해홍나물

이들 풀들은 계절에 따라 색깔을 바꾼단다. 단풍과 같은 것으로 생각하면 되는데, 단풍은 꼭 가을에만 볼 수 있는 것은 아니야. 바닷가에 자라는 풀들은 여름에도 붉은색으로 변하고, 잎은 두껍단다.

바닷가에는 나무뿐만 아니라 여러 가지 풀들도 자란단다.

나도 미래의 나무 박사

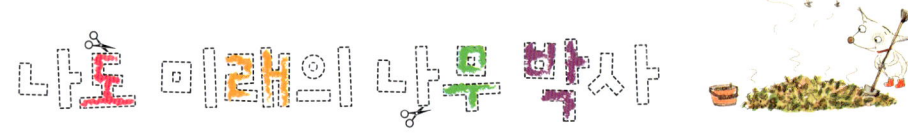

퇴비는 나무의 보약!

가을이면 숲의 나무들은 나뭇잎을 떨어뜨립니다. 도시의 울긋불긋했던 가로수와 정원수들도 잎을 떨어뜨리고 겨울을 날 준비를 하지요. 낙엽은 시간의 흐름에 따라 자연적으로 흙과 함께 썩어 퇴비가 되는데, 퇴비에는 식물이 자라는 데 꼭 필요한 영양분이 들어 있기 때문에 식물에게는 꼭 필요한 것이지요. 여러분도 집에서 기르는 나무가 있다면 직접 만든 퇴비로 나무에게 사랑이 담긴 영양을 공급해 주세요. 낙엽과 집에서 나온 음식물 쓰레기를 가지고 나무의 보약인 퇴비를 만들 수 있답니다. 믿을 수 없다고요? 시간이 좀 걸리겠지만 같이 한번 만들어 볼까요?

낙엽과 음식물 쓰레기로 거름 만들기

준비물 말리지 않은 풀과 낙엽  비닐 온도계 음식물 쓰레기

1 말리지 않은 풀과 낙엽 등을 쌓고 사이사이에 음식물 찌꺼기를 넣어요.

2 많은 양분을 지닌 거름을 만들기 위해 쌓아올리기, 뒤집기를 되풀이합니다. 쌓아올린 거름은 비닐로 잘 덮어 둬요.

3 3~4일 후가 되면 발효열에 의해 거름이 평균 60~70°가 되다가 2주 후에 다시 온도가 내려갑니다. 이때 첫 번째 뒤집기를 해 줍니다. 뒤집기는 거름에 산소를 공급하고 습도를 조절하여 발효를 촉진시키고 재료를 고르게 해 줍니다.

4 수분이 많은 곳은 적은 곳과 뒤섞고, 수분이 너무 많아 축축하면 흙이나 거름 재료를 더 넣고 다시 비닐을 덮어 둡니다.

5 2일 후면 온도가 올라가고 그 후 2주일 마다 반복하면 더 이상 온도는 올라가지 않는답니다.

6 완성된 거름으로 나무에 영양을 공급해 줍니다.

6장

이제는 사라져 가는
우리의 나무들

귀하디귀한 우리 땅 나무야

미선나무

 미선나무는 봄에 개나리보다 빨리 하얀 꽃을 피우지만 사람들의 입에 오르내리지 못한 이유는 그 수가 적어 여간해서는 볼 수 없기 때문입니다. 미선나무는 한국 특산속 식물인데, 쉽게 말하면 종들이 모여서 이루어지는 속 자체가 우리나라에만 있는 귀한 나무입니다. 그러므로 미선나무속은 세계 어느 나라에도 없고 오직 우리나라에서만 자랍니다.

 미선나무는 물푸레나무과에 속하는 떨기나무로 같은 과의 개나리나 만리화와 꽃 모양이 비슷합니다. 그러나 개나리와 만리화 등이 속하는 개나리속과는 달리 꽃이 희고 열매 모양도 다르기 때문에 구분이 됩니다.

 미선나무는 세계적으로 보아도 멸종위기종이라 할 수 있는데요, 충북의 영동, 진천, 괴산과 서울의 북한산과 도봉산, 전북의 변산반도, 황해도의 장수산 등 우리나라 몇몇 곳에서만 자랍니다. 남한에 있는 다섯 군데 자생지가 천연기념물로 지정될 정도로 그 희귀성과 연구 가치가 높아 법으로 보호하고 있습니다.

 미선나무는 열매가 둥근 부채처럼 생겨서 '꼬리 미(尾)'자와 '부채 선(扇)'자를 써서 붙여진 이름입니다. 둥근 하트 모양과 비슷한 부채꼴의 열매 안에 반달 모양의 씨앗이 2개씩 들어 있는데 그 모습이 신기하면서도 아름답습니다.

 꽃이나 생김새가 개나리처럼 생겨서 흰개나리로 착각하는 사람이 있는데요, 미선나무는 높이 1~1.5미터 정도로 개나리보다

미선나무

- ● ● 학명 : *Abeliophyllum distichum* Nakai
- ● ● 과명 : 물푸레나무과
- ● ● 형태 : 낙엽활엽의 떨기나무
- ● ● ● 꽃 : 전년에 형성되었다가 이른봄 잎보다 먼저 핀다. 흰색 또는 분홍색으로 3~4월에 피며 은은한 향기가 있다.
- ● ● 열매 : 부채 모양의 둥근 날개가 달린다. 반달 같은 2개의 씨를 가지며 9월에 익는다.
- ● ● ● 잎 : 마주나기하고 달걀 모양이며 가장자리가 밋밋하다.
- ● 원산지 : 한국(특산식물)

열매

분홍미선

상아미선

미선나무의 열매

키가 작고 가지 끝은 개나리처럼 아래로 처져 있습니다. 물론, 흰 꽃이 피는 개나리도 없습니다.

미선나무는 암·수꽃이 따로 달리는 암수딴그루로 3월 하순부터 4월 초순에 꽃이 잎보다 먼저 핍니다. 꽃의 위쪽이 4갈래로 갈라져서 벌어지고, 한 자리에 3~4송이부터 많게는 10송이까지 모여 핍니다.

꽃의 색깔은 일반적으로 흰색이지만 분홍색이나 상아색도 있습니다. 이를 분홍미선, 상아미선이라고 하지요.

미선나무를 보기 위해 충북 영동에 갔을 때였습니다. 1990년에 천연기념물 제364호로 지정된 미선나무 자생지가 있는 곳이었지요.

땅거미가 내리기 시작할 무렵 영동 읍내 매천리

에 야트막하게 솟은 용두봉을 올라갔습니다. 미선나무는 용두봉 북서쪽 사면에 넓게 퍼져서 띄엄띄엄 자라고 있었습니다. 산책로만을 남기고 숲 쪽으로는 모두 철책으로 울타리를 쳐서 미선나무를 보호하고 있었는데요, 아까시나무를 심는 등 인위적인 간섭이 있었음에도 불구하고 보존 상태가 좋아 보였습니다.

이튿날, 1917년에 미선나무가 처음 발견된 진천으로 향했습니다. 미선나무 자생지로는 처음 천연기념물 제14호로 지정된 곳이지요. 하지만 사람들이 미선나무를 함부로 캐 가는 바람에 자생지가 크게 훼손되어 1973년에는 천연기념물에서 해제되고 말았습니다.

미선나무가 처음 발견된 곳이고 과거에 많은 사람들이 채취해 갈 정도로 큰 자생지였다면, 천연기념물로 지정된 작은 곳 말고도 더 많은 곳에 미선나무가 자랄 수 있다는 생각이 들었습니다. 그래서 같이 간 사람들과 함께 그 일대를 조사하기로 마음먹었지요.

우선 바위가 발달해 있는 지역에 자생할 것으로 예상해 차를 몰고 가면서 천연기념물로 지정된 곳과 비슷한 지형을 찾았습니다. 2킬로미터 떨어진 곳에 비슷한 곳이 있어 차를 세우고 산 쪽으로 들어갔습니다. 300미터 정도 들어가자 향긋한 향내와 함께 꽃이 핀 미선나무가 나타나기 시작했습니다.

그때의 기쁨이란……! 너무 기뻐 가슴이 뛰고 몸이 떨려 왔습니다. 그곳에서 수백 그루의 미선나무를 발견할 수 있었는데, 그들이 틀림없는 자생 개체임은 두말할 나위가 없겠지요?

성급히 천연기념물에서 해제할 것이 아니라 조금만 더 시간 여유를 가지고 일대를 조사했다면 더욱 넓은 미선나무 자생지를 천연기념물로 지정할 수 있었을 것이라는 씁쓸한 생각이 들었습니다.

나무 가득 사랑이 피었네

히어리

　히어리라는 이름이 꼭 외래어처럼 느껴지지요. 그러나 히어리는 학명에 'coreana'라는 단어가 들어간 우리나라 특산 나무입니다. 3~4월에 앙증맞은 노란 꽃이 종지 모양으로 조롱조롱 드리우면서 탐스럽게 피는데 그 모습이 정말 아름답습니다. 하트 모양의 잎을 보면 마치 말괄량이 소녀가 수줍은 마음을 고백하는 듯하여 입가에 웃음이 맺힙니다.

　히어리를 다른 우리말 이름으로 '송광납판화'라고도 하는데요, 이는 송광사에서 처음으로 발견된 납판화 란 뜻입니다. 히어리 역시 우리나라 고유의 특산식물이며 지리산 자락 일대와 전북 지역에 드물게 자라는 희귀식물이지요.
　지리산에서는 화엄사 계곡, 장당골 등지의 해발 300미터 이하 지역에서 발견됩니다. 신기한 점은 그 곳으로부터 멀리 떨어져 있는 경기도 포천 백운산과 강원도 강릉의 산에서도 히어리가 저절로 자란다는 사실입니다.
　이렇듯 우리나라 남부 지방과 중부 지방의 산지에 드물게 자라는 히어리는 키가 1~2미터 정도 되는 작은 나무인데요, 줄기는 털이 없고 황갈색이나 어두운 갈색을 띱니다. 4월 초순에 잎보다 먼저 노란 꽃이 초롱 모양으로 여러 송이가 늘어져 달립니다.
　삭과인 열매는 9월에 맺고 둥글며 털이 많지요. 열매는 두 개로

납판화 '꽃잎이 두터워서 마치 밀납으로 만든 것 같다' 는 뜻.

히어리

- 학명 : *Corylopsis coreana* Uyeki
- 과명 : 조록나무과
- 형태 : 낙엽활엽의 떨기나무
- 꽃 : 3~4월에 노란 꽃이 이삭처럼 늘어진 총상꽃차례로 달린다. 꽃잎, 꽃받침, 수술은 각각 5개씩이다.
- 열매 : 갈색의 삭과. 털이 있고 2개의 방마다 2~4개의 새까만 씨가 들어 있다. 9월에 익는다.
- 잎 : 어긋나기하며, 뾰족한 톱니가 있는 하트 모양이다. 앞면은 녹색이며, 뒷면은 회백색이다.
- 원산지 : 한국

열매

히어리 꽃　　　　　　　　　　　　　히어리 잎

갈라지고 씨는 검습니다. 잎은 어긋나며 하트 모양이고, 잎 가장자리에는 물결 모양의 톱니가 있습니다. 잎의 모양이 개암나무를 닮아 영어 이름도 '한국의 겨울 개암(Korean winter hazel)'이며, 가을이 되면 단풍이 아주 예쁘게 듭니다.

　히어리는 꺾꽂이로 번식이 잘 되어 식물원에서도 볼 수 있답니다. 그러나 역시 희귀식물은 자생지에서 직접 만나 보아야 뿌듯하고 감회가 새롭답니다. 10년 전 즈음, 전라북도 어느 지역에 넓은 히어리 자생지가 발견되었다고 해서 직접 가 보았습니다. 정말로 산에 올라가 보니 여기 저기 군락을 형성하고 있었습니다. 히어리가 그렇게 많이 모여 저절로 자라는 것은 처음 본 터라 뿌듯한 느낌마저 들었지요.

　또 한 번은 환경부에서 자연 환경 조사를 할 때의 일입니다. 경상남도에 있는 어떤 산을 찾아갔는데, 좋지 않은 산길을 헤치고 가다가 생각지도 않게 히어리 군락지를 발견했습니다. 땅을 보며 조롱조롱 달려 있는 꽃차례들이 모여 숲 속에 환한 꽃밭을 이루고 있었는데요, 순간 너무 기쁜 나머지 눈물이 날 뻔했습니다. 이 식물을 처음 발견한 사람도 아마 저처럼 굉장히 감동했을 거예요. 히어리의 학명은 우에키라는 일본 학자가 붙인 이름입니다. 당시는 일제 강점기라 우리나라에 전문적인 식물 분류학자가 없었기 때문에 일본 학자가 이름을 붙인 것이죠.

  저절로 자라는 귀한 식물을 몰래 캐 가거나 훼손하는 사람들이 있습니다. 귀하고 희귀한 것일수록 그 식물이 자연과 함께 스스로 살아갈 수 있도록 각별한 관심을 기울여야 합니다. 그와 동시에 적절한 거리를 유지할 줄도 알아야 하겠지요. 소중한 것은 한 발짝 물러나서 바라볼 때 더욱 빛나는 법이니까요.

나랑 친구하자, 노랑나비야

개느삼

　봄에 피는 아름다운 우리 꽃인 개느삼. 그러나 이 역시 저절로 피어 있는 숲을 찾기는 좀처럼 어렵습니다. 여러분이 자생지를 발견한다면 뉴스에 크게 보도될지도 몰라요. 그러니 개느삼의 모습을 잘 익혀 두세요. 우리나라 특산인 개느삼속은 개느삼 한 종으로만 이루어집니다. 개느삼은 양지바른 곳에서 잘 자라지만, 추위도 잘 견디며 척박한 땅에서도 잘 자라는 편입니다.

　개느삼은 콩과 식물로 강원도 양구군과 인제군 및 함경남도의 산에서 드물게 자라는 희귀식물이며 낙엽활엽의 떨기나무입니다.
　개느삼이 처음 발견된 것은 1928년 북한의 함경남도에서였고, 남한에서는 강원도 양구에서 처음 발견되었습니다. 한 초등학생이 식물표본 숙제로 학교에 낸 개느삼 표본이 우연히 그곳에 들른 한 원로 식물학자에 의해 발견되었지요.
　개느삼은 개미풀, 개고삼, 느삼나무라고도 불리는데, 키가 1미터 이내로 작은 편입니다. 줄기는 곧추 자라며 위쪽에서 가지를 많이 칩니다.
　개느삼은 땅속줄기로 번식하는데, 진한 갈색 털이 난 뿌리가 서로 이어져 있습니다. 이는 무성생식하는 개체의 특징이지요.
　잎은 깃털처럼 생겼으며 어긋나게 달립니다. 아까시나무 잎을

협과 콩꼬투리와 같은 열매로서 열매껍질이 맞닿아 있는 부분을 따라 터진다.

개느삼

- 학명 : *Echinosophora koreensis* (Nakai) Nakai
- 과명 : 콩과
- 형태 : 낙엽활엽의 떨기나무
- 꽃 : 새가지 끝에 손가락 길이의 총상꽃차례로 5~6개의 꽃이 달리고, 5월에 노란색으로 핀다.
- 열매 : 협과. 길이 7㎝로서 겉에 돌기가 많으며 7월에 익는다. 하지만 잘 맺히지 않는다.
- 잎 : 깃털처럼 생긴 잎은 엇갈려 나며 13~27장의 작은 잎으로 이루어진 겹잎이다.
- 원산지 : 한국

암술 수술

꽃잎들

닮았으나 그보다 더 작다고 보면 됩니다. 잎 앞면에는 털이 없지만 뒷면에는 흰 털이 빽빽하게 나 있고 가장자리는 밋밋합니다.

꽃은 노란색이며 5월에 햇가지 끝에 5~6송이씩 모여 핍니다. 수술은 10개이며 모두 떨어져 있지요. 열매는 콩깍지처럼 굵고 둥근 기둥 모양인데, 마디가 잘록하고 겉에 가시 같은 돌기가 있습니다.

개느삼이 왜 희귀식물이 되었을까요? 여러 가지 이유가 있겠지만 그 가운데 하나는 열매를 잘 맺지 못하기 때문일 것입니다. 1800년대 중후반부터 1900년대 초까지 일본, 유럽, 미국 사람들이 우리나라 식물의 약 99%를

노랑나비 모양의 개느삼 꽃

가져갔는데 개느삼만은 가져가지 못했다고 합니다. 양구, 합천, 평안도와 같이 몇몇 곳에만 드물게 자라서 찾기도 어려웠을 뿐더러, 씨가 없기 때문에 가져가지 못했던 것입니다.

강원도 양구군에 가면 개느삼 자생지를 천연기념물로 지정한 곳이 있는데, 어느 해 5월 8일, 꽃 피는 시기에 맞춰 개느삼 꽃을 관찰하기 위해 산을 올랐습니다. 봄볕이 따사로운 날, 경사가 급한 곳을 찾아 올라갔는데 눈을 드니 밝은 빛깔의 노란 꽃이 융단처럼 쫙 피어 있었습니다. 그때 그 감동은 말로 다 표현할 수가 없습니다.

노랑나비 모양의 개느삼 꽃은 모양이 무척이나 예뻐서 관상용 식물로 개발하면 세계적으로 사랑을 받을 가능성이 매우 큰 식물입니다. 밝은 노란색의 화사한 꽃은 보는 이의 기분까지 싱그럽게 하고 기분 좋은 풋풋함을 전달해 주니까요.

세상에서 가장 작은 나무라지만

돌매화나무

돌매화나무는 다른 이름으로 암매라고도 하는데요, 한라산 꼭대기 백록담 부근에서 아주 적은 수만 자라고 있습니다. 우리나라에서 법으로 보호하는 멸종위기종 가운데서도 더욱 시급히 보호해야 할 종들이 있는데, 여기에 속할 정도로 매우 희귀한 식물입니다. 작은 떨기나무로 세상에서 가장 작은 나무이면서 상록성나무라는 것도 특이한 점이지요.

돌매화나무는 극지 식물로 키가 5센티미터도 안 됩니다. 이렇게 키 작은 나무도 있나 싶지요? 바위에 붙어 낮게 자라 꼭 풀처럼 보일 정도니까요. 한 곳에 뭉쳐서 나고, 가는 가지에 잎이 빽빽하게 달려서 잎만 보인답니다. 잎은 윤기 나는 가죽처럼 반지르르하며 모양은 달걀을 거꾸로 세운 듯하게 생겼습니다.

꽃은 6~7월에 가지 끝에서 흰색이나 분홍색으로 한 개씩 피는데 그 모습이 수수하고 예쁩니다. 꽃부리가 다섯 갈래로 갈라져서 꽃잎이 다섯 장인 매실나무의 꽃인 매화와 비슷해 보입니다. 그래서 이름에 매화가 들어가지 않았나 싶습니다. 돌 위에서 자라는 매화라는 뜻이죠.

돌매화나무는 알래스카 등 고위도 지방의 툰드라 지대에서 흔히 자라지만, 위도가 낮아지면서 고산 지역에만 드물게 자랍니다. 한라산은 돌매화나무가 저절로 자라는 위도상 가장 낮은 지역으로 돌매화나무가 자라는 세계에서 가장 남쪽 산인 셈이죠. 더욱이 남북한을 통틀어 유일하게 한라산에만 돌매화나무가 분포하는

돌매화나무

- • • 학명 : *Diapensia lapponica* L. var. *obovata* F. Schmidt
- • • 과명 : 돌매화나무과
- • • 형태 : 상록활엽의 작은 떨기나무
- • • 꽃 : 6~7월경 가지 끝에 한 송이씩 흰색으로 핀다.
  통꽃이지만 끝이 5개로 갈라져 핀다.
- • • 열매 : 삭과로 둥글고 9~10월에 성숙한다.
- • • 잎 : 새끼손가락 첫 마디만하며 두껍고 가죽질이며 윤기가 있다.
  타원 모양이며 가장자리에 톱니가 없다.
- • 원산지 : 한국

점은 매우 특별한 일입니다. 그 외에 사할린이나 일본, 북미서부 등지에서도 자랍니다.

학자들은 빙하기 때 남쪽까지 내려와 자라던 돌매화나무가 날이 점점 따뜻해지면서 낮은 곳에서는 살 수 없게 되었고, 한라산 정상에만 남아 있게 되었다고 해석합니다. 빙하기 때 살아남은 다른 식물들이 남한의 여러 산에서 발견되는 것이 보통이라는 점을 감안하면, 이는 아직도 풀리지 않는 수수께끼로 남아 있는 셈이지요.

1980년대 현충일 무렵, 돌매화나무를 찾으러 한라산을 올랐습니다. 오전 내내 아무리 살피고 찾아도 발견되지 않아 좀 지쳐 가고 있었지요. 배도 고프고 힘도 드는데다가, 슬슬 지루함이 밀려올 즈음이었습니다. 점심을 먹고 잠시 쉬다가 그만 포기하고 내려오려던 참에 갑자기 화장실이 급해졌습니다. 주위를 두리번거리다 결국 바위 위에서 산 아래를 향해 볼일을 보며 가쁜 숨을 내쉬던 바로 그때였습니다. 바위 아래 무리지어 돌매화나무가 환상적으로 펼쳐져 있는 것이 아니겠어요? 그 감격이란 이루 표현할 수 없을 정도였습니다. 돌매화나무를 처음 본 것도 그때가 처음이었거든요.

그러나 지금은 여러 가지 요인으로 돌매화나무 자생지가 위협을 받고 있습니다. 산사태 등으로 자연적인 개체수 감소가 일어나고 있고, 몇 해 전에는 불법으로 채취되어 서울 등지에서 팔리기도 했습니다. 이 사실이 세상에 알려져서 사회 문제가 되자 제주도는 제주도와 한라산 식물의 보전을 위해 돌매화나무를 지자체 지정 보호종으로 지정하겠다는 의지를 보이기도 했으나 지금까지 감감무소식이어서 쓸쓸한 마음뿐입니다.

지구온난화로 사라질 위기에 처한 나무들

지구온난화로 생태계가 위협받고 있습니다. 세상에서 제일 작은 나무 돌매화나무는 우리나라에서는 한라산 해발 1,800미터 이상 되는 곳에서만 자라는데 한반도의 기온이 평균 1도 이상 오르면 지금보다 150미터 이상 높은 지역으로 옮겨 가서 살아가야 합니다. 그러나 한라산의 높이가 1,950미터이기 때문에 기온이 계속 오른다면 돌매화나무는 한라산에서 영영 사라질 것입니다. 한라산의 1,500미터 이상되는 고지에 살면서 자줏빛 꽃이 피고 짙은 보라색 열매가 열리는 키 작은 상록활엽수 시로미도 비슷한 처지입니다.

기상청에서는 한반도의 평균 기온이 지난 100년 동안 1.5도 상승했다고 밝혔습니다. 학자들은 2100년까지 지구 평균 기온이 지금보다 1.4~5.8도 상승할 것으로 추정하고 있습니다.

경희대 지리학과 공우석 교수는 300종이 넘는 한반도 극지·고산식물들이 지구온난화로 피해를 볼 가능성을 분석한 논문을 발표했습니다. 분석 결과 북한 고산대에 자라는 상록활엽수인 가솔송, 각시석남, 월귤 등과 상록침엽수인 곱향나무, 화솔나무 등 20종이 지구온난화에 가장 취약한 1급으로 분류되었습니다.

시로미

돌매화나무

늘 푸른 나무, 경계를 허물다

박달목서

박달목서는 아열대 지방에 자라는 상록성 나무입니다. 아열대나 열대의 따뜻한 지방에서 주로 살지만 우리나라 남쪽 지방까지 올라와서 사는 남방계식물인 셈이죠. 이들 모두 환경에 어렵게 적응하며 살아가고 있습니다. 돌매화나무가 자라는 곳 중 지구상에서 가장 남쪽이 한라산이라면, 반대로 박달목서가 자라는 곳 중 지구상 가장 북쪽도 우리나라입니다.

제주도에는 박달목서 고목 세 그루가 북제주군 한경면 용수리 바닷가의 절부암이라는 곳에 자라고 있습니다. 환경에 어렵게 적응해 살다가 다른 나무들이 모두 죽었거나, 아니면 애초에 몇 그루만이 개척자 식물로서 정착했을지도 모를 일이죠. 절부암이 예로부터 고깃배가 드나들던 곳이므로 거문도나 일본까지 나갔던 어부들이 가지고 와서 심은 것은 아닐까 하는 추측도 가능하지만 확실하지는 않습니다.

박달목서는 우리나라의 제주도와 거문도에서만 자라는 희귀한 나무입니다. 거문도를 이루는 세 섬인 고도, 동도, 서도에 모두 자라고 있으며, 개체수가 상당히 많은 편입니다. 특히 동도에는 밑동이 너무 오래되어서 썩을 정도로 거대한 고목이 자라고 있어 눈길을 끕니다.

박달목서의 가지는 회색이고 잔가지는 납작하며 털은 없습니다. 잎은 마주나고 긴 타원 모양이며 길이가 7~12센티미터 정도 됩니다. 흰색의 꽃이 11월~2월에 잎겨드랑이에 모여 핍니다. 꽃

박달목서

- • • 학명 : *Osmanthus insularis* Koidz.
- • • 과명 : 물푸레나무과
- • • 형태 : 상록활엽의 큰키나무
- • • 꽃 : 늦가을에서 겨울에 흰색으로 피며 잎겨드랑이에 모여나기로 달린다.
- • • 열매 : 타원 모양이고 길이 1.5~2센티미터로 다음 해 5월 말~6월에 검은색으로 익는다.
- • • 잎 : 가장자리는 밋밋하지만 어릴 때는 뾰족한 톱니가 생기기도 한다.
- • 원산지 : 한국

꽃

박달목서의 꽃   7년 만에 열매를 맺은 절부암의 박달목서

은 암꽃 또는 수꽃으로만 이루어진 단성꽃으로서 서로 다른 나무에서 핍니다. 열매는 타원 모양으로 길이 1.5~2.5센티미터 정도 되며, 다음 해 5월에 검은색으로 익지요.

제주도 절부암의 박달목서들은 밑동에서 많은 줄기가 나 있으며 둘레도 상당히 커서 오래된 고목나무들임을 한눈에 짐작할 수 있습니다. 그런데 그 나무들은 모두 수나무입니다. 아열대 원산의 나무답게 11월부터 2월에 꽃이 피는 박달목서는 암나무와 수나무가 따로 있는데, 절부암의 것들은 신기하게도 모두 남자 나무들인 것입니다.

장가 한 번 못 가 본 늙은 박달목서 수나무들을 확인한 산림청 국립산림과학원과 제주대학 연구진이 몇 년에 걸친 노력 끝에 1995년 6월 드디어 이들에게 신부 나무를 마련해 주었습니다. 거문도 암나무에서 인공증식을 통해 얻은 어린 암나무들을 절부암에 함께 심어 주었던 것입니다.

결혼을 주선한 이들도 모르는 사이에 어린 암나무들은 어른이 되어 드디어 값진 열매를 맺게 되었는데 암나무가 그곳에 심긴 지 7년 만의 일이었습니다. 2002년 6월에 절부암을 방문했는데, 그때 열매가 맺은 것을 처음 발견하여 사진에 담는 행운을 얻을 수 있었습니다.

박달목서라는 우리말 이름은 박달나무처럼 가지가 단단해서 붙여진 이름입니다. 분포하는 곳이나 개체수가 많지 않기 때문에 우리가 관심을 가지고 보호해야 할 나무 가운데 하나입니다.

나무 박사님이 들려주는 나무 이야기

식물의 생존경쟁, 독을 뿜는 나무들

나무 박사님 ▶ 벚나무 아래서는 토끼풀(클로버)을 비롯한 쌍떡잎 식물을 찾아볼 수 없어. 또, 호두나무 주변의 일정 범위 안에는 잡초가 없단다. 이유가 뭘까? 궁금하지 않니?

1. 동물계뿐만 아니라 식물계에서도
'피나는 생존경쟁'이 반복된단다.
자연계의 원리지.

2. 다만 식물은 움직일 수 없는 까닭에
'생존경쟁' 역시 고정된 상태로 전개돼.
이 때문에 식물 자체가 적을 찾아가는
것이 아니라, '무기'만 전장으로 내보낸단다.

3. 가장 효과적인 것이 독이지. 자신에게는
해가 없지만 적에게는 치명적인 독을
분비하는 것이 식물이 벌이는 '생존경쟁'의
방법이야.

4. 호두나무 잎에서 내뿜는 물질은
빗물을 타고 흘러가 뿌리 근처의
잡초에게 독이 된단다.

5. 벚나무가 내뿜는 물질은 토끼풀에게
독이 되지.

나도 미래의 나무 박사

숲 체험 학습도 하고, 산림욕도 하고

언제부턴가 도시에서 맑고 푸른 하늘을 보기가 참 힘들어졌습니다. 바람에 사르락거리는 나뭇잎의 미세한 흔들림이라든가, 나뭇잎을 톡톡 내리치는 한여름의 시원한 소나기 소리는 도시의 소음에 가려져 잘 들리지 않게 되었으니까요. 사람들이 주말이면 가까운 산이나 휴양림을 찾게 되는 것도 그런 이유겠지요. 숲을 산책하다 보면 시원한 바람이 불어와 머리를 식혀 주고 복잡했던 마음도 평온해지는 것을 느낄 수 있을 거예요. 숲에서는 도시 생활에 지친 몸과 마음이 한결 상쾌하고 건강해지는 것도 느낄 수 있을 거고요. 여러분도 부모님과 가까운 산으로 산림욕을 하러 가 보세요.

숲과 함께하는 산림욕

복장 : 헐렁한 면 소재의 반소매, 반바지 차림
장소 : 숲 가장자리에서 100미터 이상 들어간 산 중턱

5월과 8월 사이에 온도가 최고로 올라갈 때 몸에 좋은 피톤치드가 많이 발생합니다. 시간은 오전 10시~12시가 가장 좋지요.

1 가볍게 걸으면서 심호흡을 해 보세요. 숨이 가쁠 정도로 빨리 걷기보다는 가끔 심호흡도 하고 눈에 좋은 초록빛도 감상하면서 각자에 몸에 무리가 없도록 걷는 게 중요해요..

2 활엽수림보다는 침엽수가 울창한 곳이 더 좋아요. 침엽수인 소나무, 전나무, 잣나무 등이 우거진 곳에서 산림욕을 해 보세요. 침엽수림은 활엽수림보다 피톤치드가 2배 이상 발생한다고 하니까요.

3 숲 속 작은 오솔길에 난 벤치에 앉아 나무와 호흡해 보세요. 폐 속 깊숙이 맑은 공기가 들어와 머리를 맑게 해주고 공부에 지쳐 있던 마음도 말끔하게 씻어 줄 거예요.

찾아보기

ㄱ

가문비나무 57
가솔송 139
가시오갈피나무 102, 104
각시석남 139
갈옷 32
갈참나무 24
감나무 32~35
개나리 88~91, 124
개느삼 132~135
개다래 23
갯기름나물 119
갯메꽃 119
갯아욱 76
겉씨식물 46, 48, 49, 58, 86, 92, 114
견과 24~25, 99
고욤나무 35
곱향나무 108, 139
공기뿌리 20, 61
괴실 64
괴화 64
구과 58~59, 85, 108
굴참나무 24, 57, 98, 100

굴참나무 수피 57
굴피집 100
기근 20, 61
깍정이 26
꽃자루 16
꽃받침 16, 39
꽃잎 16, 36, 39, 50, 52, 80, 91
꾸지나무 106

ㄴ

나무 92, 93
나무껍질 39, 57~58, 43, 112
나무 열매 24, 69
나이테 66, 67, 92
낙우송 60, 61
내과피 16
눈잣나무 100
눈향나무 108
느티나무 98, 100~101
능소화 62, 65

ㄷ

다래나무 20~23
닥나무 106~108
단풍나무 116~117
단풍버즘나무 54

당단풍나무 116
덩굴손 20
덩굴식물 20, 102
도토리 26, 68
돌가시나무 119
돌매화나무 136~140
땅속줄기 132
떡갈참나무 24
떡신갈나무 24

ㄹ

리기다소나무 잎 87

ㅁ

만리화 90~91, 124
만주흑송 100
매화 83, 136
머루 20~23
메타세쿼이아 58~61, 83
모과나무 94, 95
모래지치 119
목련 88, 116
무궁화 76~79
물참나무 24
물푸레나무 110, 112, 113
미선나무 124~127

ㅂ

박달목서 140~143
반세포 48~49
밤나무 잎 27
방울나무 54, 83
백령풀 119
백목련 116
백송 57, 86
버즘나무 54~57, 83
버즘나무 수피 57
버찌 52
복령 86~87
분리과 62~63
분홍미선 126

ㅅ

삭과 72~73, 77, 128~129, 137
산개나리 91
산닥나무 106, 108
산림욕 60, 146, 147
산목련 80
산방꽃차례 51
산수유나무 36~39
산철쭉 74
산형꽃차례 36, 117
삼지닥나무 106, 108

삼투압 118
상수리 26
상수리나무 24~27
상수리나무 잎 26~27
상아미선 126
생강나무 38~39
섬다래나무 22~23
섬잣나무 98
섬향나무 108
섬현삼 119
소나무 28, 60, 84~87, 98, 100, 147
소나무 잎 87
소포 16
속씨식물 46~49, 59
솔방울 58, 68, 86
송광납판화 128
송이버섯 86
송진 86
송홧가루 86
수송나물 119
수술 16, 32, 36, 37, 77, 80, 88, 111, 116, 129, 133, 134
수피 45, 57, 66
시과 112
시로미 139
신갈졸참나무 24

실편 109
씨방 16

ㅇ
암매 136~139
암술대 16, 51~52
암술머리 16
양버즘나무 54, 56
여덟잎으름 31
오미자 102~104
왕벚나무 50~53
외과피 16
월귤 139
으름덩굴 28~31
은행 49
은행나무 46~49
잎겨드랑이 33~34, 56, 77, 89, 115, 140, 141
잎몸 17
잎자루 17, 28, 51, 64, 81, 91, 111

ㅈ
잣나무 87, 98, 147
잣나무 잎 87
장과 20~21, 29, 33, 105
장미 79

장상복엽 28~29
졸참나무 24, 26
종자 16
주맥 17
주목 57, 114, 115
주목 수피 57
중과피 16
쥐다래나무 21, 23
진달래 72, 74, 75, 88

ㅊ

참골무꽃 119
철쭉나무 72~75
총상꽃차례 28~29, 129, 133
취산꽃차례 100~101
측맥 17, 25
치자나무 110~112

ㅋ

키위 22

ㅌ

타닌 32
털진달래 72
톱니 17, 99, 101, 103, 105, 107, 117, 129
~130, 137, 141

퇴비 120
튤립 79

ㅍ

포 16
포도 23
포자수 48~49
풀 20, 84, 92~93
플라타너스 54, 92
피목 43

ㅎ

함박꽃나무 78~83
해국 119
해당화 119
해송 87, 100, 119
해홍나물 119
핵과 51, 101, 107, 115
향나무 106, 108~109
협과 132~133
화솔나무 139
황근 76, 78, 119
황장목 84
회화나무 62~65
히어리 83, 128~131

자연 박사가 되는
이야기 도감 나무

우리나라에는 어떤 나무들이 자랄까?
그 열매와 꽃의 생김생김은 어떠할까?
세밀화 카드로 우리 땅 나무들과 친구가 되어 보자!

뜨인돌어린이

※점선을 따라 자르면 한 손에 쏘옥~
쓸모 많은 세밀화 카드가 돼요.

점선을 가위로 잘라 쓰세요.

다래나무
- 학명 : *Actinidia arguta* (Siebold et Zucc.) Planch ex Miq.
- 과명 : 다래나무과
- 형태 : 낙엽활엽의 덩굴나무
- 꽃 : 암·수꽃이 다른 나무에 달리며, 5~6월에 흰색 꽃이 핀다.
- 열매 : 달걀 모양의 장과이며, 털이 없고 10월에 황록색으로 익는다.
- 잎 : 어긋나며 넓은 타원형이다. 잎 가장자리에 가는 톱니가 있다.
- 원산지 : 한국

상수리나무
- 학명 : *Quercus acutissima* Carruth.
- 과명 : 참나무과
- 형태 : 낙엽활엽의 큰키나무
- 꽃 : 5월에 피며, 암·수꽃이 한 나무에 따로 달린다.
- 열매 : 둥근 모양의 견과이며 다음 해 10월에 익는다.
- 잎 : 긴 타원 모양으로 바늘처럼 생긴 톱니와 12~16쌍의 측맥이 있다.
- 원산지 : 한국

머루
- 학명 : *Vitis coignetiae* Pulliat ex Planch.
- 과명 : 포도과
- 형태 : 낙엽활엽의 덩굴나무
- 꽃 : 원뿔 모양의 꽃차례는 잎과 마주 달리고 6월에 황록색 꽃이 핀다.
- 열매 : 장과이며 송이로 되어 밑으로 처지는데 9월에 흑색으로 익는다.
- 잎 : 어긋나기하며 넓은 달걀 모양이다. 끝이 5개로 갈라지고 가장자리에 작은 톱니가 있다.
- 원산지 : 한국

감나무
- 학명 : *Diospyros kaki* Thunb.
- 과명 : 감나무과
- 형태 : 낙엽활엽의 큰키나무.
- 꽃 : 암·수꽃이 따로 피거나 양성꽃이 달리며, 5~6월에 연노랑색 꽃이 잎겨드랑이에 핀다.
- 열매 : 열매는 장과로 달걀 모양 또는 납작한 공 모양이며 10월에 주황색으로 익는다.
- 원산지 : 동아시아

으름덩굴
- 학명 : *Akebia quinata* (Thunb.) Decne.
- 과명 : 으름덩굴과
- 형태 : 낙엽활엽의 덩굴나무
- 꽃 : 4~5월에 피며, 암·수꽃이 한 나무에 달린다. 잎과 더불어 짧은 가지의 잎 사이에서 나오는 짧은 총상꽃차례에 달린다.
- 열매 : 장과이며, 긴 타원 모양이다. 10월에 자갈색으로 익고 세로로 벌어진다.
- 잎 : 장상복엽이며, 새로 나온 가지에서 어긋나기로 달리고, 오래된 줄기에서는 모여나기한다.
- 원산지 : 한국

은행나무
- 학명 : *Ginkgo biloba* L.
- 과명 : 은행나무과
- 형태 : 낙엽활엽의 큰키나무
- 생식기관 : 속씨식물의 암꽃에 해당하는 밑씨가 2개 달린 밑씨자루와 속씨식물의 수꽃에 해당하는 꽃가루포자수가 각각 다른 그루에 달리며, 5월에 짧은 가지에 잎과 함께 달린다.
- 열매 : 둥글고 노랗게 익으며, 씨 껍질에서는 고약한 냄새가 난다.
- 잎 : 짧은 가지 끝에 3~5장씩 모여 난다. 긴 가지의 잎은 어긋나고 부채 모양으로 퍼진다.
- 원산지 : 중국

산수유나무
- 학명 : *Cornus officinalis* Siebold & Zucc.
- 과명 : 층층나무과
- 형태 : 낙엽활엽의 작은키나무
- 꽃 : 암술과 수술이 함께 있는 양성꽃이며, 3~4월에 잎보다 먼저 핀다. 꽃의 색은 노랗고, 산형꽃차례에 20~30개의 꽃이 달린다.
- 열매 : 가을에 열매가 선홍색으로 익는다. 타원 모양의 장과로 광택이 난다.
- 잎 : 긴 타원 모양이며 마주나기한다. 4~7개의 측맥이 있으며 표면에 광택이 있고 잎 뒷면에 잎맥 사이에 갈색 털이 있다.
- 원산지 : 중국

버즘나무
- 학명 : *Platanus orientalis* L.
- 과명 : 버즘나무과
- 형태 : 낙엽활엽의 큰키나무
- 꽃 : 암·수꽃이 한 나무에 달리며, 5월에 핀다.
  수꽃은 잎겨드랑이에, 암꽃은 가지 끝에 달린다.
- 열매 : 한 개의 대에 덩이열매가 2~6개씩 달리며 방울 모양이다.
  10월에 성숙하여 이듬해 봄까지 나무에 달려 있다.
- 잎 : 손바닥 넓이만큼이나 크며 3~5갈래로 얕게 갈라진다.
- 원산지 : 유럽 및 아시아 서부

왕벚나무
- 학명 : *Prunus yedoensis* Matsum.
- 과명 : 장미과
- 형태 : 낙엽활엽의 큰키나무
- 꽃 : 4월에 잎보다 먼저 피며 흰색 또는 연분홍색이다. 짧은 산방꽃
  차례에 3~6개의 꽃이 달린다. 암술대에 털이 난다.
- 열매 : 핵과로 둥글며 6~7월에 검은빛이 도는 붉은색으로 익는다.
- 잎 : 어긋나기로 달리고 달걀 모양이다. 뒷면 잎맥 위와 잎자루에는
  털이 있으며 가장자리에 예리한 겹 톱니가 있다.
- 원산지 : 한국

회화나무
- 학명 : *Sophora japonica* L.
- 과명 : 콩과
- 형태 : 낙엽활엽의 큰키나무
- 꽃 : 8월에 새 가지 끝에서 길이 20~30cm의 원추꽃차례로 핀다.
  빛깔은 연노랑색이다.
- 열매 : 분리과로서 씨가 들어 있는 부분이 잘록잘록하다.
  9~10월에 노랗게 익는다.
- 잎 : 어긋나기하며 깃꼴겹잎이다. 가장자리가 밋밋하며
  잎 뒷면은 회백색으로 짧고 누운 털이 있다.
- 원산지 : 중국

메타세쿼이아
- 학명 : *Metasequoia glyptostroboides* Hu & Cheng
- 과명 : 낙우송과
- 형태 : 낙엽침엽의 큰키나무
- 생식기관 : 4~5월에 속씨식물의 암꽃에 해당하는 밑씨솔방울과
  수꽃에 해당하는 꽃가루솔방울이 한 나무에 달린다.
- 열매 : 구과로, 씨에 날개가 있다.
- 잎 : 좁고 긴 잎이 마주나서 전체가 깃털 모양이다.
  납작하고, 끝은 뾰족하다.
- 원산지 : 중국

무궁화
- 학명 : *Hibiscus syriacus* L.
- 과명 : 아욱과
- 형태 : 낙엽활엽의 작은키나무
- 꽃 : 7~9월에 잎겨드랑이에서 피어난다. 빛깔은 다양하며
  5장의 꽃잎과 20~40개의 수술, 1개의 암술로 이루어져 있다.
- 열매 : 삭과로서 긴 타원형이고, 약간의 털이 있으며 10월에 익는다.
- 잎 : 어긋나기하며 마름모 모양이다. 얕게 3갈래로 갈라지며
  무딘 톱니가 있고, 잎 뒷면에 털이 있다.
- 원산지 : 중국, 인도

철쭉나무
- 학명 : *Rhododendron schlippenbachii* Maxim.
- 과명 : 진달래과
- 형태 : 낙엽활엽의 떨기나무
- 꽃 : 가지 끝에 3~7개씩 달리며 잎과 함께 5월에 피고 연분홍빛이다.
- 열매 : 달걀 모양이며 삭과이다. 익으면 갈색이 되고 끝이
  5갈래로 갈라진다.
- 잎 : 어긋나기하지만 가지 끝에서는 5개씩 모여나기도 한다.
  가장자리에 톱니가 없고 드문드문 털이 나 있다.
- 원산지 : 한국

소나무
- 학명 : *Pinus densiflora* Siebold & Zucc.
- 과명 : 소나무과
- 형태 : 상록침엽의 큰키나무
- 생식기관 : 5월에 밑씨솔방울과 꽃가루솔방울이 한 나무에 따로따로
  달린다. 가지 끝에 2~3개의 자주색 밑씨솔방울이 달리며
  그 아래에 많은 꽃가루솔방울이 달린다.
- 열매 : 구과로, 다음 해 9월에 완전히 익고 씨에는 날개가 있다.
- 잎 : 바늘잎으로 2개씩 모여난다. 밑 부분에 비늘이 있고
  2년 뒤에 떨어진다.
- 원산지 : 한국

함박꽃나무
- 학명 : *Magnolia sieboldii* K. Koch
- 과명 : 목련과
- 형태 : 낙엽활엽의 작은키나무
- 꽃 : 암·수꽃이 한 나무에 달리며, 5~6월경 새가지 끝에서
  흰색 꽃이 핀다.
- 열매 : 달걀 모양이고, 9월에 검은색으로 익는다.
- 잎 : 어긋나기하며, 윗부분이 넓은 달걀 모양으로 끝이 뾰족하고
  가장자리는 밋밋하다. 뒷면은 회색빛을 띤 녹색이고
  잎맥과 잎자루에 털이 있다.
- 원산지 : 한국

굴참나무
- 학명 : *Quercus variabilis* Blume
- 과명 : 참나무과
- 형태 : 낙엽활엽의 큰키나무
- 꽃 : 암·수꽃이 한나무에 달리며, 5월에 새가지에 잎과 함께 핀다.
- 열매 : 둥근 모양의 견과. 깍정이에 싸여 있으며 다음 해 10월에 익는다.
- 잎 : 긴 타원 모양이며, 어긋나기로 달리고 바늘 모양 톱니가 있다.
- 원산지 : 한국

개나리
- 학명 : *Forsythia koreana* (Rehder) Nakai
- 과명 : 물푸레나무과
- 형태 : 낙엽활엽의 떨기나무
- 꽃 : 4월에 노란색 꽃이 잎겨드랑이에 1~3개씩 달린다.
- 열매 : 달걀 모양이며 조금 납작하고 9월에 갈색으로 익는다.
- 잎 : 마주나기하며, 달걀 모양 또는 둥근 타원 모양으로 중앙부 또는 중앙 하단부가 가장 넓으며 중앙 상단부에 톱니가 있거나 밋밋하다.
- 원산지 : 한국(특산 식물)

오미자
- 학명 : *Schisandra chinensis* (Turcz.) Baill.
- 과명 : 오미자과
- 형태 : 낙엽활엽의 덩굴나무
- 꽃 : 암·수꽃이 다른 나무에 달리며, 6~7월에 약간 붉은빛이 도는 연한 노란색으로 핀다.
- 열매 : 8~9월에 빨갛게 익으며 둥글고 포도송이처럼 모여 달린다.
- 잎 : 어긋나기하며 넓은 타원 모양으로 끝이 뾰족하다. 뒷면 잎맥 위에만 털이 있다. 가장자리에 작은 이빨 모양의 톱니가 있다.
- 원산지 : 한국

느티나무
- 학명 : *Zelkova serrata* (Thunb.) Makino
- 과명 : 느릅나무과
- 형태 : 낙엽활엽의 큰키나무
- 꽃 : 암꽃과 수꽃이 한 나무에 달리고 5월에 취산꽃차례를 이루어 핀다.
- 열매 : 핵과. 일그러진 납작한 공 모양이며 10월에 익는다.
- 잎 : 어긋나기하며 긴 타원 모양 또는 달걀 모양이다. 표면이 거칠며 끝이 뾰족하다. 잎 가장자리에 톱니가 있다.
- 원산지 : 한국

닥나무
- 학명 : *Broussonetia kazinoki* Siebold
- 과명 : 뽕나무과
- 형태 : 낙엽활엽의 떨기나무
- 꽃 : 암·수꽃이 한 나무에 달리며, 봄에 잎과 같이 핀다.
- 열매 : 둥근 모양의 핵과. 10월에 붉은빛으로 익는다.
- 잎 : 어긋나기하고, 달걀 모양 또는 긴 달걀 모양이다. 끝이 길고 뾰족하며 밑은 둥글다. 가장자리에는 톱니가 있다.
- 원산지 : 한국

가시오갈피나무
- 학명 : *Eleutherococcus senticosus* (Rupr. & Maxim.) Maxim.
- 과명 : 두릅나무과
- 형태 : 낙엽활엽의 떨기나무
- 꽃 : 6~7월에 주황색 꽃이 가지 끝에 산형꽃차례로 달린다.
- 열매 : 타원 모양의 장과. 10월에 짙은 자주색으로 익는다.
- 잎 : 손바닥 모양 겹잎으로 어긋나기하고 넓은 타원 모양의 작은 잎이 3~5장씩 붙는다. 가장자리에 톱니가 있다.
- 원산지 : 한국

치자나무
- 학명 : *Gardenia jasminoides* Ellis
- 과명 : 꼭두서니과
- 형태 : 상록활엽의 떨기나무
- 꽃 : 암술과 수술이 함께 달리는 양성꽃이고, 6월에 하얀 꽃이 피며, 짙은 향기가 있다.
- 열매 : 달걀을 거꾸로 세운 모양이며 9월에 붉은빛이 도는 황색으로 익는다. 6개의 뾰족한 모서리와 함께 위에 꽃받침이 남아 있으며 익어도 갈라지지 않는다.
- 잎 : 마주나기한다. 긴 타원 모양으로 잎자루가 짧다. 표면에 윤기가 있으며 가장자리는 밋밋하다.
- 원산지 : 중국

향나무
- 학명 : *Juniperus chinensis* L.
- 과명 : 측백나무과
- 형태 : 상록침엽의 큰키나무 또는 작은키나무
- 생식기관 : 꽃가루솔방울과 밑씨솔방울이 서로 다른 나무에 달리는 암수딴그루. 4월에 발달한다.
- 열매 : 이듬해 10월에 익는다. 동그랗고 실편이 서로 붙어 있다.
- 잎 : 짧고 끝이 날카로운 바늘잎과 부드러운 비늘잎이 있다. 돌려나기 또는 마주나기하고 짙은 초록빛이다.
- 원산지 : 한국

주목
- 학명 : *Taxus cuspidata* Siebold & Zucc.
- 과명 : 주목과
- 형태 : 상록침엽의 큰키나무
- 생식기관 : 한 나무에 밑씨솔방울과 꽃가루솔방울이 따로 달리며, 4월에 잎겨드랑이에 달린다.
- 열매 : 핵과. 9~10월에 붉게 익으며 열매살 가운데가 비어 있고, 그 곳에 달걀 모양의 씨가 들어 있다.
- 잎 : 끝이 뾰족하고, 표면은 짙은 녹색으로 광택이 나며 뒷면에 연한 노란색 줄이 두 개 있다.
- 원산지 : 한국

물푸레나무
- 학명 : *Fraxinus rhynchophylla*. Hance
- 과명 : 물푸레나무과
- 형태 : 낙엽활엽의 큰키나무
- 꽃 : 암·수꽃이 다른 나무에 달리나, 때로는 양성꽃이 암나무나 수나무에 함께 달리기도 한다. 5월에 새가지 끝에서 핀다.
- 열매 : 시과로 9월에 익는다.
- 잎 : 마주나기하고, 5~7장의 작은 잎으로 이루어진 깃꼴겹잎이다.
- 원산지 : 한국

미선나무
- 학명 : *Abeliophyllum distichum* Nakai
- 과명 : 물푸레나무과
- 형태 : 낙엽활엽의 떨기나무
- 꽃 : 전년에 형성되었다가 이른봄 잎보다 먼저 핀다. 흰색 또는 분홍색으로 3~4월에 피며 은은한 향기가 있다.
- 열매 : 부채 모양의 둥근 날개가 달린다. 반달 같은 2개의 씨를 가지며 9월에 익는다.
- 잎 : 마주나기하고 달걀 모양이며 가장자리가 밋밋하다.
- 원산지 : 한국

단풍나무
- 학명 : *Acer palmatum* Thunb. ex Murray
- 과명 : 단풍나무과
- 형태 : 낙엽활엽의 큰키나무
- 꽃 : 4~5월에 수꽃과 양성꽃이 한 나무에 섞여 피며 검붉은빛이다. 산방꽃차례로 달린다.
- 열매 : 시과로서 9~10월에 붉은색으로 익는다.
- 잎 : 마주나기한다. 손바닥 모양으로 5~7개로 갈라지며 갈라진 끝은 뾰족하고 가장자리에 톱니가 있다.
- 원산지 : 한국

개느삼
- 학명 : *Echinosophora koreensis* (Nakai) Nakai
- 과명 : 콩과
- 형태 : 낙엽활엽성의 떨기나무
- 꽃 : 새가지 끝에 손가락 길이의 총상꽃차례로 5~6개의 꽃이 달리고, 5월에 황색으로 핀다.
- 열매 : 협과. 길이 7㎝로서 겉에 돌기가 많으며 7월에 익는다. 하지만 잘 맺히지 않는다.
- 잎 : 깃털처럼 생긴 잎은 엇갈려나며 13~27장의 작은 잎으로 이루어진 겹잎이다.
- 원산지 : 한국

히어리
- 학명 : *Corylopsis coreana* Uyeki
- 과명 : 조록나무과
- 형태 : 낙엽활엽의 떨기나무
- 꽃 : 3~4월에 노란색 꽃이 이삭처럼 늘어진 총상꽃차례로 달린다. 꽃잎, 꽃받침, 수술은 각각 5개씩이다.
- 열매 : 갈색의 삭과. 털이 있고 2개의 방마다 2~4개의 새까만 씨가 들어 있음. 9월에 익는다.
- 잎 : 어긋나기하며, 뾰족한 톱니가 있는 하트 모양이다. 앞면은 녹색이며, 뒷면은 회백색이다.
- 원산지 : 한국

박달목서
- 학명 : *Osmanthus insularis* Koidz.
- 과명 : 물푸레나무과
- 형태 : 상록활엽의 큰키나무
- 꽃 : 늦가을에서 겨울에 흰색으로 피며 잎겨드랑이에 모여나기로 달린다.
- 열매 : 타원형이고 길이 1.5~2cm로 다음 해 5월 말~6월에 검은색으로 익는다.
- 잎 : 가장자리는 밋밋하지만 어릴 때는 뾰족한 톱니가 생기기도 한다.
- 원산지 : 한국

돌매화나무
- 학명 : *Diapensia lapponica* L. var. *obovata* F. Schmidt
- 과명 : 돌매화나무과
- 형태 : 상록반엽의 작은 떨기나무
- 꽃 : 6~7월경 가지 끝에 한 송이씩 흰색 또는 연황색으로 핀다. 통꽃이지만 끝이 5개로 갈라져 핀다.
- 열매 : 삭과로 둥글고 9~10월에 성숙한다.
- 잎 : 새끼손가락 첫 마디만하며 두껍고 가죽질이며 윤기가 있다. 타원형이며 가장자리에 톱니가 없다.
- 원산지 : 한국